사이토 히토리

자기긍정감
불변의 법칙

내가
행복해야
남 탓을
하지 않는다

사이토 히토리

자기긍정감
불변의 법칙

사이토 히토리 지음 | **민혜진** 옮김

포텐업

■ **일러두기**

이 책에는 신에 대한 이야기가 자주 나옵니다. 그런데 여기서 말하는 신은 종교와는 전혀 무관합니다. 우주를 구성하는 에너지, 또는 해님 같은 존재를 뜻하니 안심하세요.

저는 종교를 부정할 생각은 추호도 없습니다. 만약 당신이 특정 종교에 흥미가 있다면 끌리는 종교를 믿으면 됩니다.

내가 내 마음을 만족시키는 일만큼
세상을 이롭게 하는 일은 없다.

_본문 중에서

지금 혹시 공감 피로에
빠져 있지는 않나요?

공감 능력이 중요하다는 말은 귀가 아프게 들으셨죠? 그렇다면 '공감 피로(달리 말하자면 배려 비용)'라는 말은 아시나요? 나보다 남을 더 중요하게 생각하다 보니 마음이 지쳐버리는 현상을 뜻합니다.

의료나 복지 현장에서 일하는 사람들은 환자나 그 가족이 겪는 고통에 지나치게 공감하죠. 마음 아픈 뉴스나 안타까운 소식을 들었을 때, 가족이나 친구, 가까운 지인이 힘들어할 때, 마치 자신에게 일어난 일처럼 너무 깊이 받아들이는 사람도 있습니다. 물론 상대방의 마음을 헤아리고 공감하는 건 바람직합니다. 문제는 너무 깊이 공감한다는 거죠. 상대방에게 너무 깊이 공감하면 그만큼 내 마음을 소모하게 되거든요. 그러다 보면 두통이나 현기증, 짜증, 무기력 같은 신체적, 정신적 이상 증상에 시달립니다. 이것이 바로 '공감 피로'입니다. 인간관계에서 공감 피로가 강해지다 보면 인생이 별로 즐겁지 않게 됩니다.

저는 심리학 전문가도 아니고 어려운 얘기를 하려는 것도 아닙니다. 제가 하고 싶은 말을 딱 한 문장으로 표현하자면 바로 이겁니다.

삶이 괴로워지는 가장 큰 이유는 나를 아끼고 소중히 여기는 걸 깜빡했기 때문이다.

남 일에 신경 쓰느라 정작 나 자신을 제대로 돌보지 못하면 몸과 마음은 지칠 대로 지쳐버리고, 삶도 서서히 망가집니다.

예로부터 우리 사회는 화합을 가장 귀하게 여겼습니다. 무엇이든 갈등 없이 원만하게 넘어가는 걸 미덕으로 삼았죠. 그 덕분에 '나만 좀 참으면 되지 뭐, 그럼 다 괜찮아질 거야'라고 생각하는 사람이 많습니다. 물론 이타적인 태도, 그러니까 나보다 남을 먼저 생각하고 배려하는 게 나쁘다는 건 아닙니다. 하지만 남의 기분만 신경 쓰고 맞춰주느라 나의 솔직한 감정

과 욕구를 자꾸 외면하면 어떻게 될까요? 마음이 지우개처럼
닳아 없어지고, 의욕도 증발해버립니다. 남에게 공감해주다
가 내 몸과 마음이 지쳐버리는 거죠.

마음과 몸은 하나이기에 마음이 병들면 몸도 아프기 시작
합니다. 만약 이런 증세를 느낀다면 당신은 지금 공감 피로
상태라 할 수 있습니다.

우리는 수많은 사람들과 더불어 살아갑니다. 함께 어울리
는 사회에서 상대방을 배려하는 마음은 꼭 필요하죠. 그런데
이때 중요한 건 남을 배려하느라 나를 소홀히 하면 안 된다는
겁니다. 내가 힘들어 죽겠는데 어떻게 남을 도울 수 있겠어
요. 내가 나를 사랑하지 않는데 어떻게 남을 사랑할 수 있겠
어요. 그것은 불가능한 일입니다.

스스로를 잘 돌보지 않으면 결국 누구도 진심으로 아낄 수
없게 된다는 말입니다.

그것은 참으로 안타깝고 씁쓸한 일입니다.

곳간에서 인심 난다는 속담이 있습니다. 내가 어느 정도 넉
넉해야 남을 동정하고 도울 수 있다는 뜻이죠.

사람은 원래 나를 먼저 채워야 비로소 남도 채울 수 있습

니다. 달리 말하면 내가 만족해야 남도 만족시킬 수 있다는 말이죠.

내가 행복해야 남의 행복도 빌 수 있고 또 도울 수도 있잖아요.

그러니까 내가 먼저 행복해야 합니다. 이것이 우리 삶에서 가장 중요한 일입니다. 간단한 명제라 너무 당연한 소리를 하는 거 아니냐고 할지 모르지만, 의외로 이 명제를 실천하는 건 쉽지 않습니다.

내 삶에 내가 없으면 어떻게 될까요? 분명 주인공은 나인데 다른 사람들 이야기에만 집중하느라 인생이라는 무대에 정작 내가 등장하는 장면이 별로 없다면 어떻게 될까요? 만약 당신이 그런 인생을 살고 있다면 아마도 일상이 재미있거나 흥미롭지는 않을 겁니다.

진부한 표현 같지만 말 그대로 내 인생의 주인공은 바로 나입니다. 인생이라는 드라마에 나 자신이 주인공이 되려면 사고의 중심은 타인이 아닌 바로 나여야 합니다. 나의 가치관을 세우고 그 축을 중심으로 자기긍정감을 높이세요. 이것이 바로 일상이 즐거워지는 첫걸음입니다. 일상이 즐거워야 삶의 행복도 찾을 수 있습니다.

자기긍정감이 낮으면 무슨 일을 해도 결코 행복해질 수 없어요. 자기긍정감을 높여서 우선 나 자신의 자존감을 제대로 채워주세요. 남의 일은 나의 자존감이 충분히 채워진 이후에 생각해도 늦지 않으니까요.

사이토 히토리

자기긍정감 불변의 법칙 3

내가 나를 하찮게 여기면
인간관계는 나빠진다

자기긍정감 Q&A

자기긍정감 불변의 법칙 4

성공하고 싶다면
'내 마음'부터 잡아라

자기긍정감 Q&A

내가 행복해야
남 탓을
하지 않는다

나를 채우는 건
이기적인 게 아니다

당신은 지금 얼마나 자유롭게 살고 있나요?

어렸을 때는 아무 걱정 없이 뛰어노느라 그저 하루하루가 즐거웠죠. 그때처럼 하고 싶은 일을 마음껏 하고 있나요?

제가 살펴본 바로는 대부분의 사람들은 그러지 못하더군요. 물론 내키는 대로 사는 사람도 있는데 그런 인생은 뭔가 좀 공허합니다.

살다 보면 하고 싶은 일이나 좋아하는 것을 하나씩 포기하게 되죠.

나의 진짜 마음을 외면하면서 내가 하고 싶은 일, 좋아하는 일을 하나둘씩 놓아버리는 대신에 참을성을 기릅니다. 솔직히 가고 싶지 않은데도 억지로 가고, 진짜 갖고 싶은데도 돈이 없어서 참고, 정말 하고 싶은데도 실패할까 봐 두려워서 시작도 안 하죠.

그렇게 살다 보면 어느새 참고 참고 또 참는 인생을 보내게 됩니다.

그런데 알고 있나요?

참기만 하면 점점 더 내가 불행해진다는 사실을요.

사람의 마음은 채워져야 비로소 행복을 느낍니다. 계속 참고만 살다 보면 무슨 일을 해도 행복을 느낄 수가 없죠. 마음이 채워지기는커녕 텅 비어 있으니까요.

"그걸 모르는 사람이 어디 있나요? 그렇다고 마음대로 살 수는 없잖아요. 어른이 되면 그만큼 참아야 하는 일이 많아질 수밖에 없는데."

물론 이렇게 반박하는 분들도 있을 겁니다. 그런데 왜 참아야 할까요? 타당한 이유가 있나요? 한번 생각해보세요. 참아야 한다는 생각은 의외로 나만의 착각일 수도 있습니다. 막상

실천해보면 알겠지만 세상의 상식이나 관습을 거슬러도 별로 큰일이 일어나진 않습니다.

오히려 참지 않고 하고 싶은 대로 했을 때 삶에 대한 만족감이 훨씬 더 높아집니다. 저는 이 말을 몸소 증명하며 살아왔고, 제 비즈니스 파트너들도 그런 경우가 많았습니다.

좋아하는 것을 포기할 필요는 없습니다.

하고 싶은 일이 있다면 마음껏 해보세요. 이제 참는 건 그만하고, 당신이 좋아하는 것을 하나둘씩 늘려가면서 나 자신을 만족시키는 일에 집중하세요.

지금 가장 먹고 싶은 것을 먹고, 갖고 싶은 것을 사세요(물론 내가 할 수 있는 범위 안에서 말이죠).

1초라도 더 나에게 즐거운 시간을 선물하면 됩니다.

내가 하고 싶은 대로 하면서 살수록 일상은 반짝반짝 빛날 겁니다.

나를 아끼고 사랑해주세요.

그래야 마음이 건강해지고 힘이 나니까요. 좋아하는 것에 둘러싸여서 하고 싶은 일을 하면서 사는 사람은 행복합니다.

나를 만족시키는 일은 결국 주변 사람을 만족시키는 일입니다. 그건 곧 세상에 기여하는 일이기도 하죠.

"자기를 너무 아끼고 사랑하는 건 이기적인 거 아닌가요?"

이렇게 반문하는 분들도 있는데 정말 그런 게 이기적인 걸까요? 물론 '남에게 피해를 주든 말든 나만 좋으면 그만이지 뭐'라고 생각하는 건 이기적인 게 맞습니다.

하지만 내가 진심으로 나 자신을 아끼고 사랑해주면 나뿐만 아니라 다른 사람들과 사회에도 좋은 영향을 줍니다. 전혀 이기적인 일이 아닙니다. 지금부터 그 이유에 대해 하나하나 이야기해보겠습니다.

★ JUST DO IT ★
지금 당장 뭘 할 수 있을까?

오늘 내가 좋아하는 것을 꼭 하나 실천한다.

감사할 줄 모르는
사람에게 일어나는 일

주변 사람들에게 이런저런 요구를 하는 분들이 있습니다. 예를 들어 매사에 "나 좀 봐줘!", "나를 조금만 더 아끼고 사랑해줘!"라는 뉘앙스를 풍기는 거죠. 대놓고 이렇게 말한다기보다는 넌지시 자기 생각을 어필하거나 상대가 자신에게 주목해주지 않으면 금세 토라져서 주변을 불편하게 만드는 경우가 더 많습니다. 바로 이런 반응이 스스로에게 만족하지 못하는 사람의 전형적인 특징입니다.

내가 나를 행복하게 해줄 수 없으니까 타인에게 그 역할을 기대하는 거죠. 이들은 관심을 받기 위해 애씁니다. 인정 욕구에 시달립니다. 심한 경우에는 화를 내거나 울음을 터뜨려 상대방을 난처하게 만들기도 합니다.

하지만 사람들은 각자 자기 일에 바쁘죠. 아무리 나 좀 봐달라고 나 좀 챙겨달라고 은연중에 메시지를 보내도 타인은 결코 내가 원하는 대로 움직이지 않습니다. 남 일에 신경 쓸겨를이 없기 때문이죠.

관심을 끌려고 애쓰는 데도 사실 엄청난 에너지가 들어갑니다. 항상 타인에게 초점을 맞추고 있어야 하니 신경을 곤두세워야 하고 화를 내거나 우는 경우에까지 이르면 에너지가 바닥나 제풀에 지치고 맙니다. 정말이지 밑지는 장사죠.

집요하게 요구하는 걸 좋아하는 사람은 없습니다. 자신을 만족시켜 달라거나 봉사해달라는 태도를 기꺼워하는 사람이 있을 리가 만무하죠. 게다가 이런 사람에게 친절을 베풀면 어느 순간 그것을 너무 당연하게 여깁니다. 감사할 줄 모르는 거죠. 특히 자신에게 친절했던 사람들을 더 함부로 대합니다.

그러면 어떻게 될까요? 바닷물이 빠지듯 주변에서 좋은 사람들이 하나둘 떠나갑니다. 결국 그 사람 곁에 남는 건 그와 비슷한 사람들뿐입니다. 누군가에게 기분을 맞춰달라고 조르고 고마워할 줄 모르는 사람이죠. 아무에게도 관심을 받지 못하는 이기적인 사람끼리만 모이는 거죠. '끼리끼리 어울린다'는 말이 있잖아요. 딱 그 말대로 되는 겁니다. 그런 사람들만 모이면 어떻게 될까요? 굳이 말하지 않아도 결과는 뻔합니다.

사실 내 마음을 가장 잘 아는 사람은 바로 나입니다. 내가 뭘 좋아하고 싫어하는지 제일 잘 아니까요. 굳이 타인에게 내 마음을 채워달라고 할 필요가 없죠. 스스로 채우는 게 훨씬 빠르고 만족도도 높으니까요.

등이 가려워서 남에게 긁어달라고 할 때를 떠올려보세요. 상대방이 단번에 가려운 데를 긁어주나요? 보통은 "아니 거기가 아니라 위쪽! 음, 좀 더 위! 아니, 살짝 아래!" 하면서 여러 번 이야기해야 하니까 속이 터지죠. 차라리 효자손을 들고 스스로 등을 긁는 게 훨씬 빠르고 시원합니다.

스스로 만족하지 못하는 사람은 남을 챙기는 데도 서투릅니다. 자신은 친절을 베풀었는데 상대방은 고마워하기는커녕 오히려 불쾌해합니다. 왜 그럴까요? 어떻게 해야 사람들이 만족하는지, 뭘 해줘야 고마워하는지 잘 모르기 때문입니다.

생각해보면 당연한 일이죠. 자기 자신이 뭘 좋아하는지도 모르는 사람이 남의 마음까지 헤아리는 건 쉽지 않은 일입니다. 그래서 이들은 종종 사람들에게 쓸데없는 친절을 베풉니다. 상대방이 그저 고마워하지 않는 걸로 끝난다면 그나마 다행입니다. 친절을 베풀고도 욕을 먹거나 평판이 나빠지는 경우도 있으니까요.

이들의 특징 중 하나는 자신의 선행에 상대방이 일일이 보답해주기를 바란다는 겁니다. 그러다 보니 '내가 해줬잖아', '내가 도와줬잖아' 하고 끊임없이 확인합니다. 그런데 아무리 내가 도움을 받았을지라도 상대가 하나하나 짚고 넘어가면서 생색을 내면 고마운 마음이 증발하는 법입니다. '받았으면 그만큼 보답해야지!'라는 뉘앙스를 풍기면 얼마나 부담스럽겠어요. 아무리 성격이 좋은 사람이라도 부담스러워서 만나기를 꺼리겠죠.

이런 행동을 하는 이유는 내가 나를 만족시키는 방법을 모르기 때문입니다. 자꾸 외부로부터 인정을 받아야만 안심이 되는 거죠. 그러니까 모든 일은 다 제쳐두고 나를 만족시키는 일부터 하세요.

★ JUST DO IT ★
지금 당장 뭘 할 수 있을까?

타인에게 알아달라고 투정 부리는 일은 그만둔다.

대가를 바라지 않으면
오히려 이득을 보게 된다

스스로 만족하는 법을 터득하면 다른 사람이 나를 채워주지 않아도 이미 충만합니다. 그래서 남에게 무언가를 해줄 때도 보답이나 대가를 바라지 않게 됩니다. 오히려 스스로 만족하기 때문에 기꺼이 남에게도 행복한 감정을 나눠주려 합니다.

우물물을 떠올리면 이해하기 쉽습니다. 우리 집 마당에 우물이 있다고 상상해보세요. 우물 안에 물이 조금밖에 없는데 이웃사촌이 물 좀 나눠달라고 부탁하면 어떨까요? 선뜻 내줄 수 없겠죠. "아, 어쩌지 우리도 부족한데……. 물값이라도 주실 건가요?" 하고 말하게 될 겁니다.

원래 내가 부족하면 기분 좋게 나눠줄 수 없는 법이죠.

그런데 우물이 흘러넘칠 만큼 물이 가득하다면 어떨까요?

내가 쓰고도 남을 만큼 물이 차고 넘친다면 이웃사촌에게 "마음껏 퍼가세요!" 하고 웃으면서 얘기하겠죠. 어쩌면 "물이 넘쳐서 아까우니까 다들 와서 길어 가세요!" 하고 동네방네 떠들고 다닐 수도 있죠. 누군가 와서 물을 길어 간다면 '그냥 버려지면 너무 아까울 텐데 정말 다행이야' 하고 기분이 좋아지지 않을까요?

여기서 우물물은 사랑을 뜻합니다.

사랑에는 한도가 없습니다. 나를 사랑으로 가득 채우면 내 안에서도 사랑이 흘러넘치죠. 퍼내도 퍼내도 마르지 않는 우물물처럼 사랑이 솟아납니다.

사랑이 흘러넘치면 사랑이 필요한 사람에게 아낌없이 나눠줄 수 있습니다. 내 안에는 흘러넘칠 정도로 사랑이 가득하므로, 상대방에게 대가를 바라기는커녕 오히려 받아줘서 고맙다고 생각하게 됩니다. 이런 사랑을 받은 사람은 얼마나 마음이 편할까요? 이런 사랑을 받은 사람은 나를 좋아하게 되고, 보답하고 싶어 하죠. 내가 베푼 사랑보다 더 귀한 것을 돌려줄 때도 있습니다. 어떤 보답이나 대가를 바라지 않은 덕분에 엄청난 이득을 얻은 셈이죠.

이렇듯 스스로를 만족시킬 줄 아는 사람은 혼자만 행복해지는 게 아니라 주변 사람도 함께 행복하게 만듭니다.

행복은 연쇄 반응을 일으키므로 내가 행복해지면 주변 사람에게도 고스란히 행복이 전해지죠.

내가 나를 행복하게 하는 건 어쩌면 이 세상에서 한 사람을 구하는 일이나 마찬가지입니다. 정말 멋진 일 아닌가요?

한 사람을 구한다는 각오로 나를 아끼고 사랑한다면 결과적으로는 많은 사람을 구할 수 있으니까요. 당신에게 사랑받은 누군가가 '나도 저렇게 살아야지!'라고 마음먹고 스스로를 아끼고 사랑하면 어떻게 될까요? 사랑의 물결이 점점 퍼져나가서 세상은 훨씬 더 따뜻해질 겁니다.

흔히 사람들은 봉사나 기부를 자주 하는 분들을 훌륭하다고 칭찬합니다. 그분들 덕분에 팍팍한 사회가 정겨워진다고요. 물론 그런 분들은 칭찬받아 마땅합니다. 그러면 사정이 여의치 않아 봉사도 기부도 할 수 없는 사람은 훌륭하지 않은 걸까요? 절대 아닙니다.

봉사나 기부를 하지 못하더라도 스스로 만족하며 살아가는 사람은 이미 사회에 보탬이 된 것이나 마찬가지거든요. 어쩌면 이들이 봉사나 기부를 많이 하는 사람보다 주변 사람들을 더 행복하게 해줄지도 모릅니다.

내가 불만족스러운 상황에서 억지로 봉사나 기부를 한다면 어떻게 될까요? 몸과 마음이 부담스럽겠죠. 그렇게 되면 스스로 의도하지 않았더라도 자연스럽게 상황을 재고 따지게 됩니다. 보답을 바라거나 대가를 요구하게 되기 십상입니다. 하지만 내가 이미 만족스러운 상황이라면 의미가 달라집니다. 봉사하는 것 그 자체만으로도 기분이 좋고 더 바랄게 없다면 기꺼이 내 것을 더 내주려고 하겠죠. 내가 행복한 만큼 남들도 행복해지길 바라니까요. 이렇듯 봉사나 기부는 스스로 만족할 줄 아는 사람이 해야 그만큼 더 가치가 있습니다.

이 모든 일의 기준은 바로 내 마음입니다. 내가 내 마음을 만족시키는 일만큼 세상을 이롭게 하는 일은 없다는 걸 잊지 마세요.

★ JUST DO IT ★
지금 당장 뭘 할 수 있을까?

누군가를 도와준다면 내가 좋은 만큼만,
대가를 바라지 않고 한다.

지금의 나도
충분히 괜찮다

우리 사회에는 부지런하고 성실한 사람이 정말 많습니다. 약속도 잘 지키고 계획한 대로 일을 척척 진행하는 능력도 뛰어나죠. 우리에게는 너무나 당연한 일인데 가끔 외국인들은 이런 우리 사회의 모습을 보고 깜짝 놀라더군요.

"어쩜 다들 그렇게 부지런하고, 일도 알아서 빠르게 척척 해나가는지 모르겠어요. 정말 신기해요."

그만큼 우리 사회의 구성원들은 정말 특별한 기질을 타고 난 것 같습니다.

그런데 이렇게 성실한 기질은 때때로 독이 되기도 합니다. 지나치게 남을 의식하느라 자기 자신을 돌보는 데 소홀하기 때문이죠. 사회 질서나 규칙, 상식을 지키려다 보니 정작 스스로의 마음은 언제나 뒷전으로 밀려나죠.

'일단 상대방 사정부터 신경 써주자!'
'규칙이 중요하니까 내 입장은 나중에 이야기하자!'

이런 생각이 중심이다 보니 나의 마음을 우선시하는 건 이기적인 것만 같습니다. 그러다 보니 내 감정과 욕구는 늘 다음으로 미룹니다. 앞서 이야기한 '공감 피로'가 쌓이는 거죠.

다시 한번 강조하는데 나보다 남을 먼저 생각하고 배려하는 이타적인 태도가 나쁘다는 말이 절대 아닙니다. 문제는 내 마음을 스스로 돌보지 않는다는 것입니다.

자기 자신의 마음을 소홀히 여기는 사람이 과연 남에게 진정한 배려를 할 수 있을까요? 그건 쉽지 않은 일입니다. 진심으로 남을 도와주고 챙겨주고 싶다면 먼저 나부터 아끼고 사랑해주세요.

이게 진리인데 대부분의 사람들은 착각에 빠져서 정반대로 행동합니다. 그러다 보니 삶이 고달파지는 것인데 이 사실을 잘 모릅니다. 이 책을 읽는 분들은 자기 자신을 돌보는 것이 남까지 위하는 일이라는 걸 하루빨리 깨달았으면 좋겠습니다.

나를 아끼고 사랑하는 방법에는 두 가지가 있습니다.

첫 번째는 앞에서 얘기했듯이 좋아하는 것을 늘려가는 겁니다.

두 번째는 나를 있는 그대로 받아들이고 인정해주는 겁니다. '애쓰지 마!', '참지 마!' 하고 스스로에게 말해주는 거죠. 이것이 자기긍정감을 높이는 방법입니다.

심리학에서는 인간 행동을 예측하기 위해 다양한 이론과 연구 방법을 활용하는데 전자는 행동적 접근법, 후자는 심리적 접근법입니다. 행동적 접근법과 심리적 접근법은 맞물려 돌아가는 수레바퀴와 같습니다. 두 가지 방법을 골고루 잘 써먹어야 우리 인생도 원하는 대로 순조롭게 흘러갑니다.

살다 보면 이런저런 일을 겪게 마련이죠. 나를 아끼고 사랑하는 사람은 힘든 일이 생겨도 '나는 불행하다'고 섣불리 단정하지 않습니다. 자신을 아끼는 법을 알기 때문이죠.

이 세상에 존재하는 모든 것은 신이 창조했습니다.

물론 인간도 그중 하나입니다. 우리는 모두 신에게 영혼(생명)을 나누어 받았습니다. 신은 우리에게 영혼을 불어넣었고,

그 영혼을 육체라는 그릇에 담아냈죠. 그렇다면 인간의 내면에는 이미 신이 존재하는 거나 마찬가지입니다. 신은 전지전능하고 완전무결한 존재라고 하죠. 그런 신이 만든 나라는 존재는 그 자체만으로도 이미 충분히 괜찮습니다. 그러니까 지금보다 더 괜찮은 사람이 되려고 너무 애쓰지 마세요. 부족한 점이 있더라도 나의 존재는 충분히 가치가 있으니까요. 이 사실을 스스로에게 말해주세요.

나와 가장 가까운 사람은 바로 나 자신이죠. 스스로를 인정하지도, 사랑하지도 않는다면 내 안에 존재하는 신을 무시하는 것과 마찬가지입니다.

"지금의 나도 충분히 괜찮다."

이 말을 나 자신에게 해주면 됩니다. 이 말을 자주 해주면 내 마음은 사랑으로 가득 찹니다. 그러면 다른 사람에게 내 마음속에 생긴 빈 공간을 채워달라고 애원할 필요가 없습니다. 내가 나를 행복하게 만들 수 있으니까요.

나는 행복하다는 확신과 강한 자기긍정감이 있으면 무슨 일이 생겨도 쉽게 흔들리지 않아요. 괴로워하는 사람을 도와

줄 때도 쓸데없이 애쓰지 않죠. 그저 내 안에서 흘러넘치는 여분의 사랑을 건넬 뿐이에요. 따라서 더 이상 공감 피로에 빠지지 않게 됩니다. 그러면 내가 생각하는 것 이상으로 삶이 편안하고 자유로워집니다.

★ JUST DO IT ★
지금 당장 뭘 할 수 있을까?

거울을 보면서 이야기해준다.
"○○야, 너는 지금 이대로도 충분히 괜찮아."

어떤 파동을 내느냐에 따라
현실이 바뀐다

나의 부족한 점까지 있는 그대로 사랑하는 것.

나의 장점이든 단점이든 모두 받아들이고 인정하는 것.

이것이 바로 자기긍정감입니다. 내 모습이 어떻든 간에 부정하지 않고 받아들이면 절로 자신감이 생기죠.

그런데 자기긍정감을 높이고 자신감을 갖는 것에 대해서 어떤 이들을 비웃습니다. 그렇게 하면 겸손하지 못하고 오만해진다고 생각하기 때문이죠. 그런데 이런 생각은 사실 비굴한 마음 때문에 생깁니다.

사람은 스스로를 사랑하지도 믿지도 못하면 자기부정을 하게 되는데, 때로는 그것을 겸손으로 포장합니다. 이 겸손이라는 이름의 포장지는 그럴듯해 보이지만 사실 자신의 불행을 감추는 도구일 뿐입니다.

겸손이란 게 뭘까요? 나는 내세울 만한 게 하나도 없다고 멋쩍게 얘기하는 사람이 있는데, 그것은 겸손한 게 아닙니다. 진짜 겸손은 늘 자신감 넘치면서도 '○○ 덕분입니다'라며 신세 진 사람들에게 감사의 마음을 전하는 것입니다.

자기부정을 하면서 그것을 겸손이라고 착각하지 마세요. 자신감이 넘치면서도 젠체하지 않고 우쭐대지 않고 아는 척하지 않는, 진짜 겸손한 사람이 되면 됩니다. 진짜 겸손한 사람과 그저 비굴한 사람의 인생은 하늘과 땅 차이만큼 큰 격차가 있습니다. 똑같은 조건에서 똑같은 일을 해도 결과는 완전히 다르죠. 나를 있는 그대로 받아들이고 자기긍정감이 높은 사람은 무슨 일을 해도 좋은 결과를 이끌어냅니다. 주변 사람들을 돕고 또 도움을 받는 데도 능숙합니다. 하지만 비굴한 사람은 그런 사람들을 보고 늘 투덜댑니다.

"저 사람은 분명 편법을 썼을 거야."

"나는 왜 이렇게 운이 없지?"

"세상은 진짜 불공평하다니까!"

사실은 자기긍정감이 낮아서 일이 잘 안 풀리는 건데, 비굴한 사람들은 그걸 인정하지 않습니다. 오히려 남 탓이나 세상 탓, 신세 한탄을 하면서 불평불만을 늘어놓죠.

그런데 불평불만을 쏟아낸다고 해서 좋은 일이 일어나는 건 아닙니다. 그냥 내 삶이 더 고달파질 뿐이죠.

왜 그럴까요? 세상은 파동으로 움직이기 때문입니다. 이 세상 모든 생명체나 물체는 에너지를 가지고 있습니다. 파동이란 에너지를 전달하는 진동을 말합니다. 비슷한 파동은 서로를 끌어당기고, 다른 파동은 서로를 밀어내는 성질이 있죠.

당신이 어떤 파동을 내보내느냐에 따라 당신이 처한 현실도 달라집니다. 왜 그럴까요? 사람은 매 순간 에너지를 발산하는데 그와 동일한 에너지가 다시 자신에게 돌아오기 때문입니다.

자기긍정감이 높은 사람은 항상 자신을 사랑합니다. 나를 있는 그대로 받아들이고 아끼면서 즐겁게 살아가죠. 그들은 용서, 사랑, 감사, 기쁨이라는 파동을 내보냅니다. 즉 밝고 긍정적인 에너지를 세상에 흘려보내는 거죠.

긍정은 긍정을 부른다는 말이 있듯이 긍정적 에너지를 발산하면 좋은 일이 일어납니다. 주변에 좋은 사람이 모여들고 좋은 기회가 찾아오기 때문에 삶이 윤택해지죠.

반대로 자기긍정감이 낮고 비굴한 사람은 항상 참기만 하느라 자신을 잘 돌보지 못합니다. 감정은 메마르고, 스트레스에 시달리고 몸과 마음이 너덜너덜해집니다. 그것이 스스로 자초한 일이라는 걸 자각하지 못한다는 게 함정이죠.

이들은 매사에 남 탓이나 환경 탓을 하며 끊임없이 부정적인 에너지를 발산합니다. 그러니 우울할 수밖에 없죠. 이렇게 일상을 지배하는 감정이 우울과 증오, 불평으로 가득 차면 어떻게 될까요? 당연히 돈복도 인복도 없는 고달픈 인생을 살게 됩니다.

그렇다고 너무 걱정하지는 마세요.

내 생각을 조금만 바꿔도 에너지의 방향이 달라질 수 있으니까요. 만약 지금까지 이렇게 살아왔다면 지금부터라도 조금씩 관점을 달리하면서 행동을 바꿔보면 됩니다. 새로운 시도는 해보지도 않으면서 불평불만만 늘어놓으면 인생은 절대 바뀌지 않습니다. 오히려 자신을 더 불행하게 만들 뿐이죠.

먼저 내가 나를 인정하지 않으면 원하는 것을 제대로 얻을 수 없습니다.

자기긍정감이 낮으면 행복을 느끼는 순간에도 '나 지금 잘하고 있는 걸까? 아닌 거 같은데……'라는 생각이 다시 스멀스멀 올라오면서 스스로를 힘들게 하니까요.

여러분은 어떤 에너지를 발산하고 있나요? 하루하루 즐겁게 살고 있나요? 아니면 힘들고 우울한 나날을 보내고 있나요? 혹시 후자라면 딱 두 가지만 기억하세요.

'내가 하고 싶은 일, 좋아하는 일을 마음껏 한다.'
'지금 이대로의 나도 충분히 괜찮다고 인정한다.'

이것만 잘 실천해도 자기긍정감이 높아지고, 행복한 삶을 살아갈 수 있습니다.

★ JUST DO IT ★
지금 당장 뭘 할 수 있을까?

남 탓을 한다는 건 내 인생의 주도권을 남에게 맡기는 것과
똑같은 일이라는 것을 자각한다.

결점은 오히려
나만의 매력이다

누구나 자신의 모습 중에 마음에 들지 않거나 싫은 점이 하나 둘쯤은 있게 마련이죠. 그런데 그걸 핑계 삼아 습관적으로 자기부정을 하는 사람이 있습니다. '나는 내가 너무 싫어'라고 쉽게 말하죠.

　하지만 변화를 위해 아무런 노력도 하지 않으면서 신세 한탄만 하는 건 에너지 소모일 뿐입니다. 단점이 없는 사람은 없습니다. 자신의 단점이 마음에 안 들 수도 있습니다. 나만 그런 게 아니라 누구나 다 그렇습니다. 누구나 다 그런 걸 나도 그냥 습관적으로 반복하면서 살아가면 인생은 변하지 않습니다.

일도 마찬가지잖아요. 누구나 할 수 있는 일은 보수도 평범합니다. 아무나 할 수 없는 일일수록 그 가치가 높아지는 법이죠. 인생도 똑같습니다. 어려운 일에 즐겁게 도전하는 사람에게 신은 그에 상응하는 선물을 주거든요.

앞에서도 이야기했듯이 인간이라는 존재는 원래 있는 그대로 완벽합니다. 그런데 신은 일부러 인간을 불완전한 형태로 만들었습니다. 정확히 말하면 영혼의 바깥쪽에 육체의 형태를 띤 인간을 만들어 스스로 부족하다고 느끼게끔 설계한 겁니다. 그래서 사람들은 끊임없이 결핍을 느낍니다. 짐작하건대 신은 더 흥미로운 세계를 만들고 싶었던 게 아닐까 싶습니다.

사람들은 각자 다른 몸을 가지고, 다양한 경험을 통해 배우고 성장합니다. 그렇다면 배우고 성장하는 데 꼭 필요한 게 무엇일까요? 바로 불편함입니다.

인간이란 존재는 원래 자기 몸이 불편해야 비로소 배우려고 합니다. 불편함을 해소하기 위해 애쓰게 되니까요. 만사가 편하기만 하다면 굳이 노력할 필요가 없겠죠. 힘들고 어려운 상황에 처한 사람은 더 깊이 고민하고 더 많이 노력하게 됩니다. 자기 힘으로 그 불편함을 극복했을 때 그만큼 기쁨도 커집니다. 또한 그 과정에서 재미를 느끼죠.

바로 이 점 때문에 신은 인간을 불완전하게 만든 겁니다. 일부러 결점이나 문제점을 심어준 거죠. 인간이 그 점을 불편해하면서 더 나아지기 위해 스스로 노력하도록 설계한 겁니다. 부족한 만큼 채울 것이 많으니까 하루하루 지루할 틈이 없죠. 스스로 성장했다는 걸 깨달았을 때 느끼는 쾌감과 뿌듯함, 성취감은 말로 표현할 수 없을 정도로 특별하죠. 그래서 인생이 즐거운 거 아닐까요?

더 흥미로운 점은 나의 결점이 꼭 결점만은 아니라는 사실입니다.

'나는 목소리가 너무 큰 게 단점이야.'
'나는 분노가 너무 많아. 이런 내가 정말 싫어!'

이렇게 자책하고 있나요? 하지만 내가 싫어하는 나의 단점은 나만의 개성이기도 합니다.

얼핏 보기에는 단점처럼 보이지만 그 점을 잘만 다듬으면 나만의 특별한 매력이 됩니다.

다른 사람은 따라 하고 싶어도 도저히 따라 할 수 없는 특징이죠. 결점처럼 보였지만 알고 보면 나만의 강력한 무기이자 보물인 셈입니다.

코미디언들을 떠올려보면 쉽게 이해할 수 있습니다.

실례되는 말이지만 코미디언들 중에는 못생기거나 대머리이거나 뚱뚱한 사람이 있죠. 그중에서는 대중에게 사랑받는 분들도 많습니다.

보통 사람들은 외모의 단점을 부끄러워하지만 코미디언들은 개성으로 받아들이죠. 오히려 단점을 개그의 소재로 삼아 웃음을 유발하면서 돈까지 법니다. 이들의 자세를 본받을 필요가 있습니다.

'나는 결점투성이야……'

이런 말로 스스로를 주눅 들게 하지 말고 나의 결점을 개성으로 다듬어보세요.

코미디언들처럼 웃음으로 승화시켜도 좋고, 개성을 살려서 새로운 일에 도전해보는 것도 좋은 방법입니다. 나의 개성을 어떤 방식으로 살릴지는 자기 나름대로 고민해보세요. 단점을 반짝반짝 빛날 때까지 충분히 다듬으면 엄청난 배움을 얻을 뿐 아니라 나의 매력도가 상승합니다.

만약 그렇게 할 수 있다면 지금까지 상상도 하지 못했던 즐거운 인생이 펼쳐질 거예요.

★ JUST DO IT ★
지금 당장 뭘 할 수 있을까?

나의 단점을 매력 포인트로 승화시켜 보자.

전국에서 단 한 명뿐인
카리스마 넘치는 중졸

저는 최종 학력이 중졸입니다. 사람들에게 학력을 밝힐 때는 '카리스마 넘치는 중졸 출신'이라고 소개하죠(웃음). 저는 중졸이라는 게 자랑스럽습니다.

중졸이라는 걸 자랑스러워하는 사람은 별로 없죠. 어쩌면 전국에서 저뿐일지도 모릅니다(웃음). 즉 저는 전국에서 단 한 명뿐인 카리스마 넘치는 중졸이라는 거죠.

그런 생각이 들자 명문대를 졸업한 사람도 사법시험에 합격한 사람도 부럽지 않았습니다. 그들보다 제가 훨씬 더 특별한 사람 같았거든요. 도쿄대 졸업생이나 변호사는 세고 셌지만 카리스마 넘치는 중졸 출신을 자랑스럽게 여기는 건 제가 유일하니까요(웃음).

이렇게 저는 제 결점을 있는 그대로 받아들이고 나만의 개성으로 살렸습니다.

최종 학력 중졸이라는 타이틀은 사실 자랑할 만한 게 아니죠. 실제로 곱지 않은 시선으로 보는 사람도 많습니다. 그렇다면 저는 어떻게 이 결점을 자랑스러워할 수 있었을까요?

그것은 어떻게 마음먹느냐가 가장 중요하다는 걸 깨달았기 때문입니다. 최종 학력이 중졸이라는 사실은 변하지 않지만 그것을 바라보는 나의 관점은 바꿀 수 있거든요.

예를 들어 또래 친구들보다 일찍 사회생활을 시작하면 그만큼 더 많은 경험을 쌓을 수 있습니다. 대학을 졸업한 사람들과 비교하면 무려 7년이나 앞선 셈이죠.

마라톤에 비유하자면 모두가 출발선에 서 있을 때 저는 이미 결승선을 통과한 겁니다. '또래 친구들이 신입 사원으로 입사할 때쯤이면 나는 이미 과장으로 승진해서 꽤 높은 연봉을 받을 거야! 그만큼 경제적으로도 여유가 있겠지!'라며 긍정 회로를 돌렸습니다.

그러니까 저는 '최종 학력이 중졸이라는 건 완전 이득이네!'라고 생각했습니다. 허세를 부리는 것도 센 척하는 것도 아니고, 진심으로 그렇게 믿었습니다.

여기서 재미있는 점 한 가지를 말씀드릴게요. 인간의 뇌는 우리가 믿는 대로 반응합니다. 제가 긍정 회로를 돌리면 뇌는 '지금 좋은 상태구나' 하고 착각에 빠집니다.

'아, 최종 학력이 중졸이라는 건 완전 이득이구나!'

이렇게 뇌는 제가 믿는 걸 그대로 받아들이고, 그 믿음이 현실로 이루어지게끔 아이디어를 내놓기 시작합니다.

여러분도 아시다시피 뇌는 몸의 움직임, 감각, 감정, 기억, 언어 등 고차원적 기능을 담당합니다. 뇌가 가진 능력 중 하나가 '자신의 믿음과 현실 사이에 차이가 생기면 그 간극을 어떻게든 메우려고 한다'는 거예요.

뇌는 아주 섬세하고 정밀한 신체 기관이라 사소한 어긋남도 그냥 두지 않습니다. 자신의 믿음과 현실을 완전히 일치시키려고 하죠. 그래서 뇌는 믿음을 토대로 주변 환경을 해석하고, 필요하면 기억을 수정하고, 정보의 방향을 바꾸며 마침내 믿음을 실현 가능하게 보이도록 현실을 재구성합니다.

어찌 보면 뇌의 속성은 참 고집스럽고 단순한 것 같습니다 (웃음).

하지만 이 점을 잘 활용하면 내가 원하는 대로 현실을 바꿀 수 있습니다.

제가 바로 그 증거죠. 최종 학력이 중졸인데 전국에서 누적 납세액은 1위로 손꼽히는 부자. 언뜻 보면 말도 안 되는 이 일을, 제 뇌가 실제로 해냈습니다. 뇌가 착각하면 현실을 바꿀 만큼 엄청난 능력을 발휘합니다.

뇌의 입장에서 살펴보면 1만 엔을 벌든 100만 엔을 벌든 상관없습니다. 금액은 중요하지 않죠. 어차피 돈을 버는 행위는 똑같으니까요. 그렇다면 왜 누구는 1만 엔밖에 못 벌고, 누구는 100만 엔씩이나 버는 걸까요? 그 차이는 단 하나입니다. 나의 뇌가 얼마나 나 자신을 믿게 만드느냐에 달려 있습니다.

'내가 100만 엔도 못 번다는 건 말도 안 돼! 아무리 생각해도 이상해!'

이 말을 진심으로 믿으면 뇌는 스스로 생각합니다. 이 이상한 상황을 어떻게 하면 바꿀 수 있을까 하고 말입니다. 그러고는 번뜩이는 아이디어를 내놓기 시작하죠. 그러면 당신은 그 아이디어를 실생활에서 활용하면 됩니다. 그렇게 하다 보면 정말 현실에서 100만 엔을 벌어들일 수 있습니다.

결국 자기긍정감, 나는 할 수 있다는 자신감이 그만큼 중요하다는 겁니다.

'부자는 뭐 아무나 되나. 재능이 있어야지.'

'남들보다 뛰어나야 성공하지. 나처럼 평범하면 안 될 거야.'

이렇게만 생각하면 부자도 성공도 그저 멀게만 느껴집니다. 인생은 내가 믿는 대로 흘러간다는 걸 기억하세요.

저는 어릴 때부터 저 스스로에게 자신이 있었습니다. '나는 있는 그대로 완벽하다'는 사실을 의심해본 적이 별로 없습니다. 사업이 잘된 이후에 자신감이 생긴 게 아닙니다. 쥐뿔도 없을 때부터 이미 자신감으로 가득 차 있었죠.

'내가 중졸을 선택했다는 건 그 길이 내 길이기 때문이야.'

이렇게 믿었기 때문에 "저는 카리스마 넘치는 중졸 출신입니다"라고 당당하게 밝힐 수 있었죠. 고백하자면 저는 학교에 다니는 걸 좋아하지 않았습니다. 어찌 보면 제 인생은 처음부터 중졸이라는 선택을 할 수밖에 없도록 설계된 건 아닐까 싶습니다. 저는 학력 콤플렉스에 시달려본 적이 없고 늘 하고 싶은 일에 매진해왔으니까요.

저의 뇌는 제가 믿는 걸 그대로 받아들이고, 그 믿음이 현실로 이루어지게끔 만들어주었습니다. 그 덕분에 저는 납세왕이라는 타이틀을 얻었고, 지금 아주 만족스러운 삶을 살고 있습니다.

★ JUST DO IT ★
지금 당장 뭘 할 수 있을까?

'나는 나 자신을 믿는다'고 뇌에 각인시키자.

모든 단어에는
영혼이 있다

여러분은 어떤 말을 가장 좋아하세요? 어떤 말이 가장 듣고
싶으세요? 세상에서 가장 중요한 말은 뭐라고 생각하세요?
저는 '사랑'이라고 생각합니다.

사랑이라는 에너지가 없으면 우리는 진정한 행복을 느낄
수가 없습니다. 그러니까 사랑스러운 표정으로 애정 어린 말
과 행동으로 나에게도 타인에게도 사랑을 베푸세요. 사랑이
없는 인생은 행복해지기 쉽지 않습니다.

말에는 신비로운 힘이 있다고 저는 믿습니다. 세상에 존재
하는 모든 단어 안에는 신의 메시지가 숨어 있습니다.

오스트리아 출신의 철학자 루트비히 비트겐슈타인은 '모

든 말에는 영혼이 있다'고 주장했습니다. 무슨 뜻인지 곱씹어 보다 겨우 깨달았습니다. 영혼이란 말에 깃든 에너지를 나타 냅니다. 즉 말에는 그 뜻과 같은 에너지가 담겨 있다는 것입 니다.

그래서 애정 어린 말을 자주 쓰는 사람에게는 실제로도 밝 고 따뜻하고 사랑스러운 에너지가 흘러넘칩니다. 애정 어린 말을 반복해서 쓸수록 긍정적인 기운이 마음속으로 스며들 어 점점 밝아지고 따뜻해지고 사랑스러워지는 거예요.

요컨대 좋은 말을 쓰기만 해도 자기긍정감이 저절로 높아 지는 거죠.

애정 어린 말, 즉 사랑이 가득 담긴 따뜻한 말을 저는 '천국 의 말'이라고 부릅니다.

늘 안 좋은 생각만 하면서 살아온 사람이라도 천국의 말을 쓰면 금세 그늘에서 빠져나올 수 있습니다. 말에 깃든 에너지 에는 그만큼 강력한 힘이 있습니다.

그와 반대로 듣는 사람도 말하는 사람도 기분이 나빠지는 '지옥의 말'이 있는데, 그런 말만 계속 쓰면 급속도로 안 좋은 생각에 빠져듭니다.

말은 단순히 의사소통하는 도구가 아닙니다. 우리가 이 세상을 살아가는 데 아주 중요한 역할을 하죠.

예를 들어 아파서 약을 먹는다고 가정해보세요. 그때 천국의 말을 쓰면서 먹느냐, 지옥의 말을 내뱉으며 먹느냐에 따라 치유되는 속도는 완전히 달라집니다.

병에 걸려 앓아누워 있던 사람이 천국의 말을 입에 담으면서 점점 건강이 호전된 사례를 저는 여러 번 목격했습니다. 천국의 말을 자주 쓰는 사람은 밝고 따뜻하고 긍정적인 에너지를 내보내죠. 그러면 기적 같은 일이 일어납니다.

이건 나뿐만 아니라 소중한 가족이나 친구, 지인 등이 아플 때도 마찬가지입니다.

소중한 누군가가 아플 때, 곁에서 천국의 말을 많이 해주면 밝고 따뜻하고 긍정적인 에너지가 환자에게 고스란히 전해져서 병세가 호전되거든요. 저는 그런 사례 또한 수없이 봤습니다.

배가 고파서 식당에 갔을 때, 가만히 앉아서 기다리면 원하는 음식이 나오나요? 우동이 먹고 싶으면 "우동 하나 주세요!"라고 주문해야죠.

이와 마찬가지로 자신이 사는 세상을 천국으로 만들고 싶다면 먼저 밝고 따뜻하고 긍정적인 에너지를 내 영혼에 주문하세요.

어떻게 하냐고요? 방법은 아주 쉽습니다. 바로 천국의 말을 쓰는 거죠.

신은 인간을 어여삐 여기므로 우리가 생각하고 말하는 것을 그대로 돌려줍니다. 그런데 여기서 조심해야 할 점이 하나 있습니다.

"아 힘들어!"

"진짜 짜증 나!"

"나는 왜 이렇게 되는 일이 하나도 없지!"

이렇게 늘 불평불만을 입에 달고 살면 신은 우리가 그것을 원한다고 착각하고, 자꾸 안 좋은 상황을 만들어준다는 겁니다.

그러니까 말의 힘을 절대 가볍게 보지 마세요. 그리고 말을 함부로 하지 마세요.

마음속에서 짜증이 나더라도 입으로는 "아, 행복해!", "나는 진짜 운이 좋아!"라고 반복해서 말하는 게 중요합니다.

그러면 신은 우리에게 행복하고 운 좋은 일을 잔뜩 선물해 줄 테니까요.

★ JUST DO IT ★
지금 당장 뭘 할 수 있을까?

"나는 진짜 운이 좋아!"라고 반복해서 말해보자.

자기긍정감이 높은 것과
자기중심적인 건 어떻게 다르죠?

Q 자기중심적인 게 좋지 않다는 건 누구나 알고 있는 기본 상식이 잖아요. 그럼 자기중심적인 것과 자기긍정감이 높은 것이 어떻게 다른 건지 알고 싶습니다.

A 알기 쉽게 말씀드릴게요. 자기긍정감이 높은 사람과 자기중심적인 사람을 구분하는 방법은 '다른 사람들에게 사랑받는가 아니면 미움받는가'에 달려 있습니다.

자기중심적인 사람은 자기 생각만 앞세우면서 주변 사람들을 자기가 원하는 대로 조종하려고 듭니다. 그래서 결국에는 미움을 삽니다.

그와 달리 자기긍정감이 높은 사람은 타인의 생각도 있는 그대로 인정하고 받아들입니다. 자기 자신에 대한 만족도가 높기 때문에 늘 여유가 있고 표정도 온화합니다. 스스로 행복을 추구하기 때문에 타인의 행복도 진심으로 바랍니다. 타인의 행복에 질투할 리가 만무하죠. 그러니 애써 호감을 얻으려고 노력하지 않아도 관계가 편안합니다. 무엇보다 자기긍정감이 높은 사람은 이런 고민조차 하지 않습니다. 이미 자신이 좋아하는 일을 하면서 바쁘게 살고 있으니까요. 이렇게 귀찮은 고민거리는 떠올릴 틈조차 없겠죠(웃음).

내 욕망을
드러내지 않으면
병이 난다

욕망이 많은 건
죄가 아니다

여러분은 남의 기분을 살피는 것처럼 내 기분도 잘 살피고 있나요? 슬플 때 같이 슬퍼하고, 기쁠 때 같이 기뻐하는 존재. 친구란 우리에게 바로 그런 존재죠. 나 자신을 나와 가장 친한 친구라고 생각해보세요. 친구의 기분을 챙겨주듯 내 기분도 잘 챙겨줘야 합니다. 자신의 기분을 스스로 파악하고 관리하면 심리적 만족감을 느낄 수 있습니다. 사실 이것만 착실하게 잘해도 누군가에게 미움받는 일이 별로 신경 쓰이지 않을 수 있습니다. 어떤 일이 생겨도 내가 나의 가장 든든한 편이되어주고, 유쾌하게 살아가면 되니까요. 나와 가장 친한 친구인 내가 늘 나를 믿고 사랑해주니까요.

물론 자기긍정감이 높은 사람은 자신뿐만 아니라 타인도 행복하게 만들기 때문에 온 세상으로부터 외면당할 일은 없습니다. 그만큼 자기긍점감이 나에게 정말 든든한 버팀목이라는 걸 말하고 싶은 거죠.

그러니까 자기긍정감을 높이려면 내가 좋아하는 것을 포기해서는 안 됩니다. 이 말은 즉 욕망을 가지라는 뜻이에요. 자신의 기분을 살피면서 감정 컨트롤을 하다 보면 욕망이 생기게 마련이죠.

여러분은 욕망이라는 말을 들으면 어떤 느낌이 드나요? 흔히 욕망이 많다고 하면 부정적인 이미지를 떠올립니다. '꼴사납다, 이기적이다, 독하다'고들 하죠. 사회적 인식 자체가 좋지 않습니다.

그런데 왜 욕망에 대한 인식은 이렇게 부정적인 것들이 많을까요? 사실 그 이유는 지배 계급이 피지배 계급에게 부정적인 인식을 심어줬기 때문입니다. 원래 인간에게 욕망이 있다는 건 너무나 자연스러운 겁니다. 욕망이 있어야 의욕이 생기고, 의욕이 있어야 끊임없이 노력하고, 노력한 끝에 욕망을 이루고, 마침내 만족감을 느끼는 것. 그것이 바로 인간의 본성이기 때문입니다. 옛날에 나라를 다스리던 왕이나 귀족들은 평민들이 욕망을 가지면 결국에는 자신들의 말을 거역할까 봐 두려웠던 겁니다. 그래서 청렴결백하면서 가난하게 사는 사람들을 청빈낙도라는 말로 칭송했습니다. 욕망이 없는 사람이 훌륭한 사람이라고 치켜세우며 일반 국민들을 세뇌했습니다. 아무리 가난해도 욕망을 앞세우지 않고 그저 묵묵히 성실하게 일해야 한다고 교육했습니다. 한마디로 지배 계급의 농간이죠. 자신들의 기득권을 유지하기 위해 수작을 부린 셈이에요. 순진한 사람들은 그것이 철저히 계획된 거짓말이라는 것도 모르고, 가난 속에서도 성실하게 일하며 살아왔습니다.

그런데 너무 오랜 시간 동안 날조된 거짓말이 퍼지다 보니 지금까지도 그런 사회적 분위기가 남아 있습니다. 관습이나 통념은 그만큼 한번 자리를 잡으면 쉽게 바뀌지 않으니까요. 그것 또한 관성의 법칙입니다.

물론 세상이 점점 바뀌면서 '욕망을 갖는 게 왜 나쁘지?'라는 의문을 품는 사람도 점점 늘었습니다. 확실히 중세 시대보다는 훨씬 자유로운 세상이 되었습니다. 하지만 여전히 많은 사람들이 '너무 욕심부리다가는 큰코다친다'는 착각에 사로

잡혀 있습니다. 개중에는 '소박한 욕망은 괜찮지만 너무 거창한 건 안 돼!'라고 스스로에게 제약을 거는 사람도 있습니다.

하지만 인간에게 욕망이 있다는 건 너무나 당연합니다. 신이 처음부터 그렇게 만들었으니까요. 인류 역사상 인간이 만든 세상은 끊임없이 진화 발전했습니다. 만약 인간에게 욕망이 필요 없었다면 진화의 과정에서 이미 사라지지 않았을까요? 그런데 현대를 살아가는 사람들은 자신의 욕망을 거리낌 없이 발산하며 살고 있습니다. 욕망의 크기도 점점 더 커졌죠.

이것은 욕망을 갖는 편이 좋다는 뜻입니다. 유쾌한 욕망이 많은 사람일수록 삶의 질이 높습니다. 그런 사람이 많아질수록 세상은 더 풍요로워집니다. 이것이 바로 신이 인간에게 보내는 메시지입니다.

물론 모든 욕망이 다 좋은 건 아닙니다. 욕망을 넘어서 탐욕을 부리는 사람들 때문에 상처받거나 피해 보는 사람들도 생기니까요. 오로지 자신의 이득만을 위해서 타인의 불행에는 눈을 감아버리는 무감각한 사람들도 있습니다. 이것은 욕망이 아니라 탐욕입니다.

탐욕스러운 사람은 정말 꼴사납지 않나요? 이런 사람들은 주변 사람들에게 미움만 살 뿐입니다. 처음에는 잘 몰라도 금방 그 탐욕이 드러나기 때문에 좋은 사람들은 곁을 다 떠나가죠.

정말 스스로를 아끼고 사랑하는 사람은 타인의 욕망도 존중합니다. 다른 사람들에게 미움받는 자신의 모습을 상상해보세요. 전혀 기쁘지 않지 않나요?

만약 탐욕스러운 욕망에 사로잡힌다면 그것은 자기긍정감이 낮다는 증거입니다. 내가 나를 인정하지 않으니까 마음속에 틈이 생기고, 그 틈을 메우려다 보니 탐욕스러워지는 겁니다.

하지만 나를 진심으로 아끼고 사랑하면 탐욕은 생겼다가도 금세 사라집니다.

부디 나 자신을 사랑하고, 있는 그대로 받아들이세요. 그러면 나도 타인도 행복해지는 유쾌한 욕망에만 집중하게 될 겁니다.

유쾌한 욕망은 올바른 이기심이자 정당한 욕심입니다. 이런 욕망은 많을수록 좋죠. 그만큼 더 많은 사람을 행복하게 해줄 수 있으니까요.

★ **JUST DO IT** ★
지금 당장 뭘 할 수 있을까?

나의 욕망도 타인의 욕망도 비웃지 않겠다고 결심한다.

욕망은
살아 있는 에너지다

여러분 주변에도 이런 사람이 있나요? 물건을 살 때마다 여기저기 가격 비교를 하면서 기꺼이 최저가를 찾아다니는 사람 말이에요. 예를 들면 "어머! 저쪽 마트가 계란이 10엔이나 싸잖아!" 하고 즐겁게 멀리까지 장을 보러 가고, 퇴근한 남편한테 "여보, 나 오늘 계란 진짜 싸게 샀다~♪ 그래서 기분이 정말 좋아!"라고 자랑하는 사람 말입니다(웃음).

계란을 10엔이라도 싸게 사고 싶은 마음도 욕망입니다. 그것도 유쾌한 욕망이죠. 만약 경제적으로 어려워서 절약해야 하는 상황이라면 즐거운 표정을 지을 수가 없겠죠. 그런 경우에는 억지로 참는 표정으로 장을 보고 남편한테도 짜증을 냈을 거예요.

뭐든 즐겁게 하지 않으면 금방 지치고 포기하기 쉽습니다.

그러니까 무슨 말이 하고 싶은 거냐고요? 유쾌한 욕망을 가진 사람은 마음뿐만 아니라 몸까지 건강해진다는 겁니다. 진심으로 절약을 즐기는 사람은 자신의 욕망을 이루는 게 재미있어서 멀리까지 장을 보러 가는 거예요. 게다가 건강하니까 가능한 일이죠. 몸이 건강하지 않으면 그렇게 움직일 수나 있겠어요?

등산이 취미인 사람도 마찬가지입니다. 좋아하는 산에 오르고 싶다는 욕망이 있기 때문에 몸까지 건강한 거예요. 등산이 하고 싶어서 평소에 꾸준히 운동을 한 거죠.

물건을 살 때도 여기저기 둘러보려면 다리가 튼튼해야 합니다. 온라인쇼핑이라고 다르지 않아요. 시간을 들여서 여기저기를 비교하려면 체력이 있어야 합니다. 이때 쇼핑하고 싶다는 유쾌한 욕망이 당신을 건강하게 만들고 있는 겁니다.

혹시라도 몸이 아픈데 잘 낫지 않을 때는 한 번쯤 짚고 넘어가세요.

'내가 즐거운 욕망을 너무 잊고 살았나?'

'나 지금 너무 억지로 참고 있나?'

이렇게 자신의 심리 상태를 점검해보는 게 중요합니다. 아무리 병원에 가도 내가 왜 아픈지 원인을 못 찾는다면 심인성 질환일 가능성이 높습니다. 말 그대로 마음에서 비롯된 병으로 스트레스나 불안, 우울 같은 심리적 요인이 가슴 답답함이나 두통, 복통, 소화불량 등 신체 증상으로 나타나는 거죠. 어쩌면 너무 자기 욕망을 억누른 탓에 몸이 아픈 걸 수도 있습니다. 그때는 유쾌한 욕망을 떠올리면 금방 몸이 회복되는 경우가 많습니다.

그리고 주변에 혹시 이런 분들은 없나요?
"입원비로 수십만 엔을 쓰느니 차라리 그 돈으로 신상 명품백을 사겠다. 그게 훨씬 더 기분 좋잖아!"
"입원 안 하고 최고급 호텔 스위트룸에서 쉴래!"
바로 병원비로 돈을 쓰느니 진짜 좋아하는 일에 돈을 쓰겠다는 사람들입니다. 이런 분들의 특징은 에너지가 넘치고 건강하다는 겁니다.
그것이 명품백이건, 호텔 스위트룸에서 숙박하는 일이건 뭔가 내가 하고 싶은 일이 분명히 있으면 뇌는 그 욕망이 이루어지도록 방향 설정을 합니다. 그리고 그 욕망을 이루기 위해서라도 건강에 신경 쓰도록 내 몸을 조종합니다.

물론 모든 경우에 해당되는 건 아닙니다. 원래 병에 걸리지 않을 만큼 건강 체질이었는데 자기긍정감이 너무 떨어진 상태에서 살다 보면 없던 병이 생긴다는 뜻이에요. 나에게 유쾌한 욕망의 개수가 많을수록 더 건강하게 오래 살 수 있습니다.

물론 자기긍정감이 높아도 병에 걸릴 수는 있죠. 병은 내가 뭘 잘못해서 걸리는 게 아니니까요. 하지만 아무런 이유 없이 아프다면 내가 이번 생의 수행 과제로 내 병을 고른 걸 수도 있습니다. 어쩌면 내가 풀어야 할 숙제가 그 속에 담겨 있는 거죠.

저는 어릴 때부터 몸이 약해서 잔병치레가 끊이지 않았습니다. 지금 이렇게 건강하게 지내는 게 오히려 신기할 정도예요. 지금 돌이켜보면 제가 잔병치레를 한 것도 다 이유가 있었습니다.

저의 경우에는 원래 허약 체질이었기 때문에 '조금이라도 건강해지고 싶다'는 욕망이 생겼고, 그 덕분에 건강식품에 관심을 갖게 됐습니다. 그래서 회사를 차리고 즐겁게 일하다 보니 어느새 일본에서 누적 납세액 1위로 손꼽히는 부자가 되었죠. 제 인생에서는 잔병치레라는 숙제가 꼭 필요했던 셈입니다. 잔병치레 때문에 생긴 욕망을 이롭게 활용한 덕분에 지금 행복하게 살고 있으니까요.

여러 번 병원에 입원하다 보니 흥미로운 점도 발견했습니다. 입원하면 다양한 환자들을 만나는데, 그들을 보면서 인간은 욕망에 참 솔직하다는 걸 깨달았습니다. 재활 치료를 받을 때 아리따운 여성 간호사가 함께하면 남성 환자들은 갑자기 의욕이 넘칩니다. 또 사랑하는 아내나 여자 친구가 있는 환자는 의사가 무리하지 말라고 해도 들은 척도 않고 재활 치료에 몰두합니다. 하루라도 빨리 퇴원해서 사랑하는 사람을 만나고 싶으니까요(웃음).

유쾌한 욕망은 정말 대단하지 않나요? 의욕을 북돋아주고 긍정적인 영향을 주니까요(웃음).

주변을 잘 살펴보세요. 유쾌한 욕망이 많은 사람일수록 외모도 젊고 에너지도 넘쳐흐릅니다.

반대로 그런 욕망이 없는 사람은 부쩍 늙어 보이고 인간적인 매력도 없습니다. "삶에 낙이 없어"라고 말하는 사람이 바로 그런 부류입니다. 이런 사람 너무 재미없지 않나요?

그러니 욕망은 절대 나쁜 것이 아닙니다. 욕망은 살아 있는 에너지이자, 매력 그 자체입니다. 세상을 활기차고 재미있게, 행복하게 살고 싶다면 나의 유쾌한 욕망을 감추지 마세요. 그 욕망 자체가 당신의 매력 포인트니까요.

★ JUST DO IT ★
지금 당장 뭘 할 수 있을까?

아무 이유 없이 아프다면
내 욕망을 너무 억누른 건 아닌지 되돌아본다.

가고 싶은 길을 가라

어른이 되면 자기 꿈을 포기하는 사람이 많습니다. 가족을 위해서 아이를 위해서 하나씩 하나씩 단념하죠.

'남편은 힘들게 일하는데 나만 놀러 가는 건 좀……. 너무 미안한데.'
'아이가 입시를 앞두고 있는데 엄마가 옆에서 챙겨주기는 커녕 여기저기 놀러 다니는 건 좀 아니지.'

이렇게 나보다 가족을 먼저 챙기느라 놀고 싶은 마음을 꾹 꾹 억누르면서 집에 있는 거죠.

행복은 선택하는 것이고, 선택은 언제나 내 몫입니다. 놀고 싶은 마음은 굴뚝같지만 나는 가족을 선택했고 지금 아주 행복하다면 괜찮습니다. 하지만 만약 억지로 참고 있다면 지금 당장 선택을 바꾸세요. 당신은 희생의 대가로 남편이나 아이에게 부정적인 에너지를 내뿜고 있을 테니까요. 그런 경우라면 차라리 참지 말고 놀러 나가는 게 나에게도 가족에게도 좋은 선택입니다.

만약 내가 집에 있어서 모두가 행복하면 상관이 없습니다. 하지만 가족들을 위해 희생했다는 피해의식이 생긴다면 그 화의 에너지는 가족에게 화살이 되어 날아가 박힙니다. 결국에는 가족 모두가 불행해지는 거죠. 내 상태가 지금 행복하지 않다면 매사에 불만족스럽다면 이것은 변화가 필요하다는 신호입니다.

세상에는 다양한 사회 통념과 도덕적 기준이 있습니다. 사람들이 일반적으로 옳다고 여기는 가치나 기준으로 흔히 일반 상식이라고 부르죠.

수험생 자녀를 둔 엄마가 여기저기 놀러 다니는 건 사회 통념상 권장할 만한 일은 아닙니다. 하지만 꼭 모든 사람이 사회 통념과 도덕적 기준에 따를 필요는 없습니다. 자기 삶의 기준에 맞지 않으면 따르지 않으면 그만이죠. 꼭 모든 부모가 자식을 위해 모든 것을 희생할 필요는 없습니다. 그러므로 다른 사람이 뭐라고 하든 신경 쓰지 마세요. 중요한 건 내가 옳다고 믿는 길을 가는 겁니다. 그러니까 내가 즐겁고 행복해지는 길을 선택하세요. 스스로를 행복하게 만들고 싶다면 남이 정한 기준이 아니라 내가 정한 기준, 다시 말해 내가 기꺼이 즐길 수 있는 방향으로 나아가야 합니다.

상식은 사회가 만들어놓은 도덕관념일 뿐이지 우주의 절대 법칙이 아닙니다. 물론 사람이 살아가는 데 꼭 필요한 부분도 많지만 미숙한 부분이나 잘못된 편견도 정말 많습니다. 나에게 꼭 필요한 건 취하고 불필요한 건 버리면 됩니다.

또한 세상이 천국과 같이 아름다운 곳이거나 세상의 법칙이 나를 늘 행복하게 만들어주는 것도 아닙니다. 그러므로 무작정 따르지 않아도 됩니다.

통념이나 상식을 의심하지 않고 그저 따르는 것에만 급급하면 행복은 영원히 나를 찾아오지 않습니다. 내가 짜증 나는 얼굴을 하고 있으면 우울하고 가난한 기운이 집안 구석구석으로 퍼져 가족들의 몸에도 전파됩니다. 가족들을 위해서 집에 있는 건데 오히려 그것 때문에 불평불만과 불화가 쌓여 불행해지는 셈이죠.

그렇다면 어떻게 해야 할까요? 내가 좋아하는 일을 하면서 웃으세요. 가족을 진심으로 생각한다면 먼저 나부터 만족시키세요. 그리고 자기긍정감을 높여서 행복한 기운을 만드세요.

집안에 단 한 사람이라도 밝고 긍정적인 에너지를 내뿜는 사람이 있다면 무슨 일이 생겨도 그 집에서는 웃음이 사라지지 않습니다. 그러면 가족 모두가 행복해지죠.

지금까지 잘못된 선택을 했다는 생각이 든다면 이제부터라도 다른 길을 걸어가세요, 인생에서 너무 늦은 때란 없으니까요.

지하철을 잘못 탔을 때 어떻게 하나요? 바로 내려서 갈아타죠. 잘못 탔다는 걸 알면서도 '이제 와서 갈아타면 뭐해, 어차피 늦었는데…… 그냥 타고 가지 뭐!'라고 생각하는 사람은 없습니다. 인생도 똑같아요. 잘못을 깨달았다면 지금 당장 고치면 됩니다. 아무리 나이를 먹어도 아무리 상황이 안 좋아도 마음만 먹으면 언제든 다시 시작할 수 있어요.

조금 돌아가도 괜찮습니다. 그 길 또한 인생에서 즐겁고 소중한 경험이 될 테니까요. 이런저런 우여곡절을 겪다 보면 당신의 삶은 더욱 다채로우면서 점점 원숙해질 거예요.

★ JUST DO IT ★
지금 당장 뭘 할 수 있을까?

가족을 진심으로 생각한다면 나 자신부터 만족시킨다.

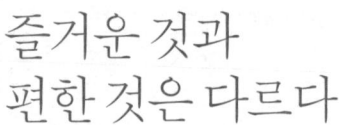

즐거운 것과
편한 것은 다르다

"하고 싶은 일을 하세요. 그리고 억지로 참지 마세요."

제가 이 얘기를 하면 꼭 이렇게 물어보는 분들이 있습니다.

"그럼 하기 싫은 일은 억지로 안 해도 되나요? 사실 일하기 너무 싫은데 출근 안 해도 될까요?"

결론부터 말하자면 반반입니다. 그렇게 해서 행복해지는 사람도 있고, 행복해지지 않는 사람도 있죠. 사람마다 처한 환경이 다르니까요. 예를 들어 당신이 부유한 집안에서 태어나서 굳이 일하지 않아도 먹고살 수 있을 만큼 여유가 있다면 아무 문제가 없겠죠. 그런 경우라면 매일 놀면서 백수 생활을 해도 괜찮습니다.

어쩌면 노는 것 자체가 일이 될 수도 있습니다. 요즘에는 즐겁게 놀거나 여유롭게 지내는 모습을 SNS나 유튜브에 올려서 수입을 얻는 사람도 많으니까요. 하지만 일을 그만두는 순간 생계가 무너지는 상황이라면 어쩔 수 없이 일을 해야겠죠. 생활고에 시달리면 별로 행복하진 않을 테니까요.

만약 일하기 싫다는 마음이 나를 더 힘들게 만든다면 그건 나를 소중히 여기는 게 아닙니다.

그렇다면 어떻게 해야 할까요?

'어떻게 하면 하기 싫은 일도 즐겁게 할 수 있을까?'

이렇게 한번 뇌의 회로를 돌려보세요. 어떻게든 내가 즐겁게 일할 수 있는 방법을 찾아보는 겁니다. 그런 지혜를 짜내는 것이 바로 나를 아끼는 방법입니다.

즐겁다는 건 쉽게 할 수 있다거나 편하다는 뜻이 아닙니다. 어렵고 힘든 일도 내가 즐겁게 할 수 있다면 싫어질 리가 없죠. 사소한 거라도 괜찮습니다. 약간 엉뚱한 방법도 개의치 말고 다 실천해보세요.

'좋아하는 옷을 입고 나가면 출근길이 즐거워질 거야.'

'아침에 일어나자마자 일부러 좋아하는 노래를 한 곡 들어보자. 하루 종일 그 노래 덕분에 기분이 좋아질 거야.'

'귀여운 볼펜이나 메모지를 쓰면 일이 더 잘될 거야.'

'회사에 일부러 좋아하는 사람을 만들어보자. 그러면 아침에 일어나는 게 더 즐거워지겠지.'

'점심시간에 혼자만의 단골 장소를 하나 만들어보자. 점심시간만은 나의 행복을 위해 투자하는 거야.'

이런 식으로 일하기 싫은 마음이 조금이나마 사라질 수 있는 아이디어를 하나씩 실천해보는 거죠. 별거 아닌 것 같지만 하나씩 하나씩 꾸준히 쌓아나가다 보면 큰 변화가 생기는 법입니다. 변화는 계단식으로 시작됩니다. 어느 순간 한 계단 올라서 있는 나 자신을 발견할 거예요.

일하는 시간 내내 계속 시계만 쳐다보면서 퇴근 시간만 기다리는 직원이 있다고 생각해보세요. 회사에서 그런 직원을 승진시키거나 연봉을 올려주지는 않죠.

그와 반대로 늘 밝은 표정으로 스스로 일을 즐기는 직원이 있다면요? 그렇게 일하는 직원은 대체로 효율적으로 일하면서 성과도 좋기 때문에 회사에서도 그 직원을 놓치지 않기 위해 노력합니다. 그런 직원의 경우에는 승진도 하고 연봉도 오르기 때문에 일도 점점 더 재미있어집니다. 좋은 일이 꼬리에 꼬리를 물고 찾아오는 거죠.

물론 아무리 노력해도 일이 재미없고 잘 되지도 않아 힘들 때도 있는 법입니다. 그건 내가 부족해서가 아니라 지금 하는 일이 나와 맞지 않기 때문일 수도 있어요.

그럴 때는 환경을 바꿔보는 것도 방법입니다. 좀 더 나를 존중하고 대우해주는 회사, 내가 더 즐겁게 일할 수 있는 회사를 찾아서 이직해보는 것도 방법 중 하나입니다. 큰맘 먹고 창업에 도전할 수도 있습니다.

인생에는 무수한 선택지가 있습니다. 나 자신을 진심으로 아끼고 사랑한다면 어떤 길을 선택하든 잘못될 리가 없습니다. 두려워하지 말고 진정으로 내가 원하는 삶을 사세요. 그래도 괜찮습니다.

★ JUST DO IT ★
지금 당장 뭘 할 수 있을까?

일할 때 싫은 마음이 사라질 수 있는
아이디어를 짜낸다.

나도 할 수 있다는 믿음이
인생을 바꾼다

이미 말씀드렸다시피 제 최종 학력은 중졸입니다. 초등학생 때부터 착실하게 등교한 적이 거의 없고, 지각과 조퇴를 밥 먹듯이 했습니다(웃음). 세상에서 공부가 제일 싫었거든요.

어머니는 말썽꾸러기 아들은 인정하고 받아주셨지만 사실 처음부터 그랬던 건 아닙니다. 한때는 귀에 딱지가 앉도록 잔소리를 하셨거든요.

"아파도 학교는 꼭 가야 돼!"

"으이구 공부 좀 해라, 공부 좀!"

그때는 어머니 말씀이 아무리 옳아도 들은 척도 안 했습니다(웃음).

집에서 과외를 한 적도 있는데 가정교사가 올 시간만 되면 도망치듯이 집을 빠져나갔습니다. 저의 열정에 가정교사도 두 손 두 발 다 들었습니다. 먼저 그만두셨거든요(웃음).

그런 저를 보면서 어머니는 문득 깨달으셨다고 합니다.

'내가 아무리 억지로 학교에 보내고 공부하라고 잔소리해도 소용없구나!'

그때부터 어머니는 더 이상 저를 통제하지 않았습니다.

그리고 어느 날 뜬금없이 이런 말씀을 하셨어요.

"우리 복덩이(어릴 때 어머니는 저를 그렇게 불렀어요)처럼 공부를 싫어하는 애는 없었지. 학교 가는 것도 싫어하고 도통 공부에는 관심이 없어서 처음에는 걱정도 많았는데 우리 복덩이는 학교생활이 안 맞았을 뿐이지 나중에 사회생활 하면 잘할 거야. 엄마가 장담하는데 너는 어른이 돼서 일하면 엄청 인정받을 거고, 다른 사람들이 다 알아볼 정도로 유명해질 거야. 그래서 엄마는 우리 복덩이가 사회생활을 시작하는 날을 손꼽아 기다리고 있어. 그때가 너무 기대되거든!"

어머니는 이런 말로 저를 격려해주었습니다. 신이 인간을 한 명 한 명 만들 때 각자에게 능력을 부여했으므로 사람은 누구나 잘하는 게 있다, 아무것도 못하는 사람은 이 세상에 없다고 말이죠. 그때 깨달았습니다. 저도 잘하는 게 있다는 걸요.

어머니의 한마디가 제 삶을 바꿨고 지금의 저를 만들었습니다. 어머니의 진심 어린 사랑이 담긴 그 말이 마음속 깊숙이 새겨졌거든요.

또 한 가지 에피소드가 떠올라서 덧붙이자면 어릴 때 제 꿈은 고고학자가 되는 거였습니다. 입 밖으로 꺼낸 적이 별로 없지만요. 아무튼 공부하는 건 너무 싫었는데 책 읽는 것과 영화 보는 건 정말 좋았습니다. 가라는 학교에는 안 가고, 책 속에 파묻히고 영화관에 죽치고 있다 보니 어느새 고고학에 흥미를 느꼈죠.

그때 어머니가 물으셨어요.

"우리 복덩이는 이다음에 커서 뭐가 되고 싶어?"

"고고학자!"

제가 바로 대답하자 어머니는 웃으면서 말씀하셨어요.

"오~ 정말 멋진 꿈이네! 근데 고고학은 과거를 파헤치는 일이잖아⋯⋯."

오해하지 마세요. 어머니는 제 꿈을 반대하려는 것도 고고학을 쓸모없는 학문이라고 여기는 것도 아니었어요. 저를 너무 잘 알았기 때문에 일부러 저렇게 말씀하신 거죠.

고고학자가 되려면 끝없이 공부를 해야 하죠. 고등학교, 대학교는 당연히 졸업해야 하고 때로는 대학원까지 진학해야 하니까요. 공부라면 질색하는 저한테는 안 맞는 길이라는 걸 어머니는 진즉에 간파하셨던 겁니다(웃음).

지금은 저도 고고학자가 적성에 안 맞는다는 걸 알지만 그때는 너무 어려서 몰랐어요. 고고학자가 되고 싶다는 마음만 앞섰지 어떻게 하면 될 수 있는지까지는 생각하지 못했으니까요. 그래서 어머니는 넌지시 생각을 바꿔보라고 알려주신 거예요.

결국 저는 어머니가 하는 말을 듣고 미련 없이 고고학자가 되는 꿈을 접었습니다(웃음).

아이를 키우는 부모들은 이런 고민을 자주 합니다.

"아이가 말을 너무 안 들어서 힘들고 화가 나요."

"뜻대로 되지 않는 아이를 보면 제가 아이를 잘못 키운 것 같아서 자꾸 자책하게 돼요."

그런데 아이 때문에 고민하는 부모에게 꼭 해주고 싶은 말이 있습니다. 부모는 아이가 자신의 말대로 행동하기를 바라지만 그 마음 자체가 이미 잘못된 것입니다.

아무리 아이가 잘되길 바라는 마음에서 이래라저래라 해도 아이의 귀에는 들리지 않습니다. 오히려 강요나 간섭으로 느껴지면 독이 될 확률이 더 높습니다. 부모의 지나친 사랑은 아이의 인생을 망친다는 걸 꼭 기억하세요.

아이마다 자신에게 맞는 길이 분명 있습니다. 나답게 행복해질 수 있는 인생이 이미 준비되어 있다고 생각하세요. 그 길은 아이가 스스로 찾아가는 것이지 부모인 내가 정해주는 것이 아닙니다. 그저 아이를 사랑하는 시선으로 지켜봐주면 됩니다. 물론 아이가 도와달라고 한다면 손을 내밀어주세요. 그걸로 충분합니다.

★ JUST DO IT ★
지금 당장 뭘 할 수 있을까?

내가 잘할 수 있는 것에 집중해본다.

나는
나답게 살기로 했다

여러분은 삼나무와 소나무의 특징을 아시나요?

삼나무는 곧게 자라고 소나무는 구불구불 휘면서 자랍니다. 삼나무는 소나무 숲 한가운데 심어도 여전히 곧게 자라고, 소나무는 삼나무 숲 한가운데 심어도 자유자재로 휘면서 자라죠. 삼나무도 소나무도 자기다움을 잃지 않은 채로 자라납니다.

인간도 그렇게 살아야 하지 않을까요?

인간은 사회적 동물이기 때문에 주변 사람이나 환경에 크게 좌우됩니다. 주변 사람들이 다 삼나무처럼 반듯하게 자라면 나의 본성은 소나무일지라도 왠지 모르게 반성하게 되죠.

'저 사람들처럼 나도 올바르게 살아야 하는 게 아닐까?' 하고 말입니다.

그런데 소나무는 원래 구불구불 휘면서 자라는 게 자연스럽죠. 그게 타고난 본성이고 자신에게 맞는 방식이니까요. 구불구불 휘어야 행복한데 억지로 곧게 뻗어나가면 나뭇가지에 금이 가고 부러지기 일쑤입니다.

이것을 인생에 빗대어보면 어떨까요? 뭘 해도 일이 자꾸 꼬이거나 예상치 못한 사고를 당하거나 사는 게 힘들고 고달파지는 겁니다. 소나무는 구불구불 휘면서 자라야 합니다. 삼나무 숲에 던져져도 휘어지고 구부러지는 특성, 즉 나다움을 절대 잃어버리면 안 돼요.

남들이 반듯하게 산다고 해서 나까지 꼭 그런 방식으로 살 필요는 없습니다. 억지로 남을 따라 하는 건 바람직한 게 아니에요. 타고난 나의 본성을 거스르지 말고 나만의 방식으로 나답게 살아가세요.

우리 사회는 참고 견디는 게 미덕이고, 남을 배려하는 게 기본 상식이라고 여깁니다. 살면서 이런 말을 자주 듣지 않았나요?

"한번 마음먹었으면 끝장을 봐야지!"

"빈둥빈둥 놀기만 하면 안 돼!"

"나보다 남을 먼저 생각하고 배려해야지!"

물론 이렇게 사는 것도 나름대로 바람직한 면이 있습니다. 하지만 인생에는 늘 변수가 있고 사람들의 생각은 다양합니다. 제 나름대로 하나씩 반론을 해보겠습니다.

첫 번째로 '한번 마음을 먹었으면 끝장을 봐야 한다'지만, 사람은 늘 변화하고 성장하는 존재이며 우리는 매 순간 최선의 선택을 합니다. 그러니까 그때는 맞았던 게 지금은 틀릴 수도 있습니다. 1년 전에는 옳다고 믿었던 일이나 가치가 지금은 의미 없는 일이 될 수도 있습니다. 그동안 시야가 넓어지고 관점이 다양해지면서 생각이 바뀌는 경우도 있으니까요.

즉 사람의 마음은 원래 끊임없이 변화하는 것이라는 말입니다. 한번 마음먹은 일을 끝까지 해내야 하는 경우도 있지만 그렇지 않은 경우가 훨씬 더 많습니다.

두 번째로 '빈둥빈둥 놀기만 하면 안 된다'의 경우에는 놀이가 인생에서 얼마나 필수적인 에너지의 원천인지를 간과한 말일 수도 있습니다. 잘 노는 사람일수록 좋은 에너지가 발현됩니다. 노는 것도 아무나 할 수 있는 것이 아닙니다. 스스로 세련되게 노는 방법을 터득하기 위해서는 아무것도 하지 않고 노는 시간이 꼭 필요합니다. 그런 시간이 전혀 없었다는 건 불행했다는 말밖에 되지 않습니다.

세 번째로 '나보다 남을 먼저 생각하고 배려하는 게 훌륭하다'는 건 착각입니다. 제가 여러 번 강조한 말이지만 진짜 멋진 사람은 자신을 가장 아끼고 사랑하는 사람입니다. 그런 사람은 주변 사람도 행복하게 만들고, 사회에도 긍정적인 영향을 주니까요.

삼나무처럼 곧게 사는 것도 소나무처럼 구불구불 휘면서 사는 것도 모두 옳습니다. 사람은 저마다 개성이 다를 뿐 자기만의 삶의 방식이 있으니까요. 상대방을 비난하지 말고, 서로 다르다는 걸 인정하는 게 중요합니다.

"아, 저런 삶의 방식도 있구나!"
"너도 나도 즐겁게 살면 그만이지 뭐!"

이렇게 상대방도 나도 인정하고 존중해주세요. 이게 바로 사람이 갖추어야 할 바람직한 모습입니다. 그렇게 살아가면 세상은 더욱 평화롭고 즐겁게 발전할 거예요.

결코 어렵지 않으니까 오늘부터 실천해보세요. 억지로 남을 따라 하지 말고 나답게 살아가세요. 자신에게 맞는 길을 가면 모두가 만족하고 행복해집니다. 진정한 행복은 사소한 행동에서 시작된다는 점을 꼭 기억하세요.

★ JUST DO IT ★
지금 당장 뭘 할 수 있을까?

남과 비교하는 일은 당장 그만둔다.

시련은
기회가 왔다는 신호다

인생에서 힘든 일 같은 건 일어나지 않습니다. 일부러 우리를 괴롭히려고 생기는 일은 사실 하나도 없습니다. 그런데 왜 사람들은 '힘들다'는 말을 입에 달고 살까요?

사실 여기서 '힘들다'는 말은 '배우고 성장하고 있다'와 동의어입니다. 우리는 살아가면서 끊임없이 무언가를 배웁니다. 산다는 것은 어쩌면 끊임없이 배우고 성장하는 과정이 아닐까요? 우리가 겪는 고난과 역경은 사실 고통이 아니라 배우고 성장하는 과정일 뿐입니다.

그런데 인간이라는 존재는 원래 태생적으로 자신에게 불

편한 일이 생기지 않으면 배우려고 하지 않습니다. '아, 진짜 큰일났네……' 싶을 정도로 위기의식을 느껴야만 비로소 진지하게 고민하고 배우기 시작하죠.

고난과 역경이 찾아오면 힘들어하는 사람들이 많은데 그럴 필요가 없습니다. '신이시여, 왜 저에게 시련을 주시나이까' 하며 괴로워하지 말고 '신이시여, 드디어 저에게 배움의 기회를 주셨나이다' 하며 있는 그대로 받아들여보세요.

인생을 살다 보면 온갖 종류의 고통과 시련을 겪게 됩니다. 그럴 때마다 왜 이렇게 나를 힘들게 하느냐고 생각하기보다는 그 안에서 내가 배울 게 뭔지를 찾아내는 데 에너지를 집중하면 됩니다.

'나한테 뭘 가르쳐주려고 이런 일이 생긴 걸까?'

이렇게 생각하고 있는 그대로 받아들이면 문제는 더 이상 풀지 못할 문제로 남아 있지 않습니다. 배우고 깨달으면 문제는 놀라울 만큼 단순해지니까요.

저는 사람들에게 이런 말을 자주 듣습니다.

"선생님은 고민 같은 거 별로 없으시죠?"

솔직히 말하면 전혀 그렇지 않습니다.

저에게도 여러분과 똑같이 말 못 할 고민거리나 골치 아픈 문제가 아주 많이 있습니다.

다만 저는 그 어떤 안 좋은 일도 배움의 기회로 바꿔서 생각하는 습관이 있을 뿐입니다. '아, 이런 일도 있구나! 인생 참 재밌네!' 하고 받아들이는 거죠.

그러다 보니 문제가 생겨도 빨리 해결하는 편입니다. 오래 고민하지는 않죠. 그래서 주변 사람들 눈에는 마치 고민이 없는 것처럼 보일 수도 있습니다. 어떻게 하면 그렇게 할 수 있냐고요? 방법은 딱 하나, 바로 자기긍정감을 높이는 겁니다.

똑같은 고민도 가볍게 넘길 줄 아는 사람은 기본적으로 성격이 밝고 긍정적입니다. 그리고 또 한 가지 특징은 바로 확고한 자기긍정감을 갖고 있다는 거죠.

'나는 내 모습이 좋아. 지금 이대로라도 좋다. 나는 충분히 괜찮은 사람이니까!'

'실수하고 실패해도 괜찮아. 남들이 뭐라고 하든 상관없어. 나는 나답게 하면 되니까. 내가 옳다고 생각하는 길을 가면 되는 거야. 흔들리지 마, 흔들릴 필요 없어!'

이런 마음가짐을 갖고 있기 때문에 문제가 생겨도 당황하지 않고 많이 힘들어하지도 않습니다. 고백하자면 저는 꿈속에서도 이런 말을 되뇝니다. 악몽을 꾸면서도 '이건 길몽이야! 분명 좋은 일이 생길 거야!'라고 말이죠(웃음).

악몽을 꾸면 '아, 흉몽이네……이건 안 좋은 일이 일어날 징조인데……' 하고 불안해하는 사람이 있는데 한번 달리 생각해보세요. 꿈과 현실이 일치할 리는 없으니까요.

꿈은 그냥 꿈일 뿐이지 현실이 될 수 없습니다. 그러니까 안 좋은 꿈을 꾸더라도 괜히 의미를 부여하면서 스스로를 괴롭히지 마세요.

실제로 악몽을 꿔서 나쁜 일이 생기는 게 아닙니다. 나쁜 일이 생길지도 모른다고 내가 불안해하기 때문에 실제로 안 좋은 일이 일어나는 거예요. 스스로 불행을 부른다고나 할까요. 그러니까 그럴 때는 '꿈속에서 이미 나쁜 일을 다 겪었으니까 오히려 행운이지!', '악몽을 꾸는 건 행운이 찾아온다는 신호야!'라고 바꿔 생각해보세요.

무조건 나에게 좋은 쪽으로 해석하면서 '괜찮아', '잘됐어' 하고 넘겨버리는 거죠. 이렇게 하다 보면 악몽을 꿔도 좋은 일이 생기더라고요. 그때마다 역시 나는 운이 좋다고 말하는데, 그러면 또 좋은 일이 생기더라고요.

결국 인생은 내가 어떻게 생각하느냐에 달려 있어요. 대개의 사람들은 행복해지는 것이 어려운 일이라고 착각하는데 사실 나를 행복하게 만드는 건 별로 어렵지 않습니다. 생각하는 관점을 조금만 바꿔도 기분이 달라지니까요. 이제부터는 문제가 생겨도 겁먹지 말고, 다 잘 해결될 거라고 가볍게 넘겨보세요. 그런 관점만 확고히 가져도 일상이 훨씬 더 편안해집니다.

★ JUST DO IT ★
지금 당장 뭘 할 수 있을까?

힘든 일이 생겼을 때 이렇게 자문해본다.
'나한테 뭘 가르쳐주려고 이런 일이 생긴 걸까?'

한 번 웃을 때마다
행운의 통장 잔고가 늘어난다

여러분은 어떤 미래를 꿈꾸고 있나요? 지금 내가 무슨 생각을 하고, 어떤 마음을 품느냐에 따라 미래는 달라집니다. 즉 나의 생각과 마음가짐이 나의 미래를 결정하는 거죠. 지금 나에게 일어나는 일은 과거의 내가 어떤 기운을 내뿜었는지를 알려주는 결과지예요.

내 삶에서 일어나는 일은 모두 내 책임입니다.

지금 불행한 사람은 과거에도 힘든 생각만 하면서 괴로워했을 테고, 지금 행복한 사람은 과거에도 좋은 생각을 하면서 즐겁게 하루하루를 보냈을 거예요.

마음속에 어떤 생각 씨앗을 뿌리느냐가 중요합니다. 생각 씨앗이 자라서 열매를 맺으면 모두 내가 거둬야 하거든요. 좋은 열매든 나쁜 열매든 상관없이 내가 뿌린 대로 거두는 겁니다.

인생이라는 밭에 긍정 씨앗을 뿌리면 달콤한 열매가 열리고, 부정 씨앗을 뿌리면 쓰디쓴 열매가 열리죠. 씨앗을 심지 않으면 아무것도 거둘 수 없고요. 그러니까 내가 좋은 생각을 하면 그만큼 기쁜 일이 생기고, 나쁜 생각을 하면 그만큼 힘든 일이 벌어지며, 아무런 노력도 하지 않으면 어떤 결과도 얻을 수 없다는 뜻입니다.

모든 일은 원인과 결과의 법칙으로 이루어집니다. 우리 인생도 마찬가지예요.

이번 생은 전생의 영향을 받기도 합니다. 즉 전생이나 그 이전 생에서 내가 품었던 생각이 이번 생에 나타날 수도 있습니다.

예를 들어 그다지 좋은 에너지를 내뿜지도 않았는데 갑자기 기적 같은 행운이 따르는 사람도 있고, 항상 밝고 긍정적인 에너지를 내뿜는데도 예상치 못한 불운에 휘말리는 사람도 있습니다. 그것은 지난 생에서 지어놓은 숙제 때문일지도 모릅니다.

'아, 과거는 바꿀 수도 없는데 어쩌지?'

이런 걱정일랑 하지 마세요.

대처법은 늘 그렇듯이 아주 간단하니까요.

먼저 좋은 일이 생겼을 때 우쭐대거나 잘난 척하지 마세요.

'다 내가 잘나서 그런 거지 뭐!'

이렇게 생각하면서 거만하게 굴면 좋은 기운은 달아납니다. 주변에 불쾌한 에너지를 내보내면 그때부터 인생은 내리막길로 치닫습니다. 교만함 때문에 모처럼 찾아온 행운을 놓쳐버리는 셈입니다. 그저 손에 들어온 행운을 놓치는 것뿐이라면 그나마 다행이지만, 최악의 경우에는 원래보다 운이 더 나빠질 수도 있습니다.

그러므로 좋은 일이 생겼을 때는 주변 사람들에게 "○○님 덕분입니다"라고 감사한 마음을 전하세요. 감사함을 잊지 않는 게 중요합니다.

또 그와 반대로 나쁜 일이 생겨도 우울해하거나 좌절하지 마세요. 그 대신에 '나는 이번 일로 뭘 배울 수 있을까?'라고 생각해보세요. 이렇게 바꿔서 생각하면 잠깐은 힘들지라도 금세 마음을 다잡고 활기를 되찾습니다. 밝고 긍정적인 에너지가 행복한 현실을 만든다는 점을 잊지 마세요.

인과응보를 부정적으로 바라보면서 두려워하는 사람도 있습니다. 솔직히 그 마음도 충분히 이해합니다. 과거 또는 지난 생에서 내가 한 행동은 지금 아무리 노력해도 바꿀 수가 없으니까요.

하지만 제 생각은 좀 다릅니다. 원인과 결과의 법칙은 오히려 유익한 거라고 믿거든요.

지금 이 순간을 즐겁게 살면 과거의 나쁜 기운은 사라지고, 이번 생뿐만 아니라 다음 생에까지 행운을 가져다주니까요. 밝고 긍정적으로 사는 것만으로 행운을 저축할 수 있다니 멋진 일 아닌가요?

'지금 내가 웃을 때마다 행운의 통장 잔고가 늘어난다!'

이렇게만 생각해도 흐뭇하지 않나요? 내가 나를 즐겁게 하는데 통장 잔고가 늘어난다니 정말 신나는 일이 아닐 수 없습니다. 웃을 때마다 긍정 씨앗을 뿌리는 거라고 상상해도 괜찮습니다. 마음속에 달콤한 열매가 열리는 거죠. 여러분도 오늘 당장 내 마음속에 긍정 씨앗을 뿌려보세요. 얼마 지나지 않아 그 씨앗은 싹이 되어 자라나 달콤한 열매를 선사할 겁니다.

좋은 일 생겼을 때 주변 사람에게 꼭 감사 인사를 전한다.
"○○님 덕분입니다."

자꾸 실패하니까 자기긍정감이 떨어지는데, 차라리 도전하지 말고 그냥 지금처럼 사는 게 낫지 않을까요?

Q 자신감을 쌓으려고 여러 가지 도전을 해봤는데 자꾸 실패만 하니까 너무 속상해요. 제가 너무 한심하기도 하고, 솔직히 이제는 도전할 용기도 버틸 힘도 없어요. 이렇게 자기긍정감이 떨어질 바에는 차라리 도전 같은 거 하지 말고 그냥 지금처럼 사는 게 속 편하지 않을까요?

A 자기긍정감이 떨어질 만큼 속상하고 힘들다면 굳이 도전하지 않아도 괜찮습니다.

도전하지 말고 그냥 지금처럼 사는 게 낫겠다고 마음먹었다면 그렇게 해도 돼요. 내 인생의 정답은 내가 정하는 거니까요. 자신을 믿으세요. 나는 언제나 나에게 가장 옳은 선택을 하거든요.

도전하지 않는 것도 나답게 살아가는 방법 중 하나이고 그것이 진짜 자기긍정감입니다. '특별하고 대단한 나'가 아니라 '지금 이대로의 나'를 충분히 괜찮다고 받아들이는 것, 그것이 자기긍정감입니다. 그 점을 먼저 이해하는 게 중요해요.

자신감은 스스로 만들어내는 것입니다. 잘해서 자신감이 생기는 것도, 못해서 자신감이 없는 것도 아닙니다.

'나는 가진 것도 없고 할 줄 아는 것도 없지만 그래도 괜찮아. 나는 존

재만으로도 유일무이한 가치가 있으니까.'

이렇게 스스로를 인정할 때 비로소 진짜 자신감이 마음속에서 솟아오릅니다.

지금 당신에게 필요한 건 스스로 가치 있는 존재라는 점을 깨닫는 거예요. 그러니까 '나는 지금도 충분히 괜찮고 잘하고 있다'고 스스로에게 말해주세요.

그다음에 당신이 하고 싶은 일에 도전하면 됩니다.

자꾸 실패만 하니까 속상하다고 했죠? 사실은 정말로 하고 싶은 일이 아니라서 힘든 걸 수도 있습니다. 진짜 하고 싶은 일이라면 실패해도 속상하지 않아요. 실패도 좋은 경험이라고 긍정적으로 생각하면서 즐겁게 다시 도전하거든요.

하고 싶지 않은 일이라면 도전하지 마세요.

힘들고 싫다는 느낌이 든다는 건 '내 인생에 필요 없는 일'이라고 알려주는 신호일 수 있습니다. 만약 그렇다면 잘하려고 애쓸 필요가 없습니다. 노력하면 할수록 힘들고 괴로울 뿐이니까요.

자기긍정감이 높은 사람은 하기 싫은 일은 억지로 하지 않습니다. 그리고 처음에는 좋아서 시작했더라도 도중에 싫어지면 미련 없이 그만둡니다. 억지로 참으면서 버티지 말고, 자신이 하고 싶은 일을 하면서 살아가세요. 그러면 자기긍정감은 저절로 높아질 테니까요.

내가 나를
하찮게 여기면
인간관계는
나빠진다

나 자신을 하찮게 여기면
관계도 어그러진다

제가 세상에서 공부가 제일 싫었고 착실하게 등교한 적이 거의 없다고 앞에서 얘기했잖아요. 그런데 솔직히 말하면 학교에 가는 건 즐거웠습니다. 학교에는 재미있는 친구들이 많았거든요.

저는 아침잠이 많아서 눈을 뜨면 거의 점심때였어요(웃음). 보통이라면 '이 시간에 학교에 가서 뭐해?'라고 생각할 텐데 저는 친구들이 보고 싶어서 학교에 갔습니다. 결석한 날에는 방과 후에 친구들 여러 명이 우리 집에 놀러 왔고요.

착실하게 등교한 적이 없다고 말하면 친구도 없이 혼자 쓸쓸하게 학창 시절을 보냈다고 오해하는 분들이 있는데 결코 그렇지 않습니다.

저는 어릴 때부터 지금까지 친구 때문에 고민한 적은 별로 없거든요. 예나 지금이나 친구들과 사이좋게 지내면서 즐겁게 살고 있으니까요.

그리고 지금 함께 일하는 후배나 동료 등 비즈니스 파트너들은 처음부터 건강보조식품이나 화장품에 관심이 있어서 모인 건 아닙니다.

유쾌한 동료들과 함께 즐겁게 일하다 보니 일이 잘 풀렸고, 그 모습을 본 사람들이 같이 일하고 싶다고 찾아왔습니다. 자연스럽게 비즈니스 파트너가 늘어났고 매출도 점점 올랐죠.

일에서 가장 중요한 건 좋은 사람들과 즐겁게 일하는 거예요. 물론 관심 있는 분야나 잘하는 분야에서 일하는 것도 좋습니다. 하지만 그게 아니어도 좋아하는 사람들과 함께 일하면 그 어떤 일이라도 즐겁게 할 수 있습니다. 즐겁게 하다 보면 일도 잘 풀리죠.

살다 보면 수많은 문제를 겪게 되는데 모든 문제는 인간관계에서 비롯됩니다.

공부가 싫어도 좋은 친구가 있으면 학교생활이 즐겁듯이 일도 마찬가지입니다. 직장 동료나 상사가 좋은 사람이라면 업무 내용이 내가 희망하는 직무와 다르더라도 나름대로 즐겁게 일할 수 있죠. 다시 말해 무엇을 하느냐보다는 누구와 함께하느냐가 훨씬 중요해요.

사람들은 가끔씩 학교가 재미없다, 일이 지겹다고 말하는데 왜 그럴까요? 가장 큰 원인은 인간관계에 있습니다. 대개 인간관계가 좋은 사람은 자기 자신과도 관계가 좋습니다. 자신이 진짜 원하는 것을 뼛속 깊이 이해하고 있기 때문에 타인이 원하는 것도 더 쉽게 이해합니다. 자기 스스로 행복하지 못하고 만족하지 못하는 사람은 타인이 원하는 것도 쉽게 알아채지 못하는 법입니다.

평소에 나 자신을 만족시키는 법을 터득하면 그 만족감을 타인에게도 느끼게 해주려고 노력하게 되죠. 굳이 의도하지 않아도 자연스럽게 타인이 기뻐할 만한 행동을 하게 됩니다. 그러면 어떻게 될까요? 주변 사람들은 저절로 당신에게 호감을 갖게 됩니다. 그러면 당신은 '어떻게 하면 이 사람과 친해질 수 있을까?' 같은 고민은 할 필요가 없죠.

이것이 바로 행복한 인간관계를 만드는 비결입니다.

주위를 살펴보면 남에게 간이고 쓸개고 다 빼주면서까지 잘해주는데도 이상하리만치 주변 사람에게 호감을 얻지 못하는 사람이 있습니다. 참 안타까운 일이지만 이유는 분명히 있습니다. 그것은 바로 자기 자신을 아끼고 사랑하지 않기 때문이에요.

자기긍정감이 낮으니까 상대방의 눈치를 보면서 과하게 친절을 베풀죠. 그런데 너무 투명하게 드러나다 보니까 상대방은 오히려 부담스러워합니다.

이런 성향은 어릴 때 부모에게 사랑받지 못하고 자란 사람에게 자주 나타납니다.

'엄마 아빠가 나를 미워하지 않고, 나한테 좀 더 관심을 가졌으면 좋겠어.'

이런 마음 때문에 늘 부모 눈치를 보면서 살다 보니 어느새 습관이 된 거죠. 세 살 버릇 여든까지 간다는 말처럼 어른이 되어서도 자꾸 다른 사람의 기분을 살피는 겁니다. 그렇게 눈치를 보는 태도는 상대방을 불편하게 합니다.

'아, 나쁜 사람은 아닌데 좀 부담스러워……. 같이 있으면 왠지 불편하고 어색해.'

이런 느낌이 들기 때문에 상대방은 거리를 두는 거죠. 그렇다고 부모 탓을 하면서 스스로를 괴롭히지는 마세요. 당신은 있는 그대로 충분히 가치 있는 사람이니까요. 부모의 사랑을 받지 못한 건 당신에게 문제가 있어서가 아닙니다. 부모님도 그때 나름대로 사정이 있어서 당신을 보살피고 사랑할 여력이 없었을 뿐입니다.

이런 맥락을 이해하고 이제부터는 자기부정을 하지 마세요. 지금 내 모습 그대로도 괜찮다고 스스로에게 말해주세요. 내가 나를 충분히 이해하고 사랑하면 굳이 다른 사람에게 이해를 바라지도 사랑을 구걸하지도 않을 수 있습니다. 그리고 자기긍정감이 높아지면 주변 사람들과도 자연스럽게 사랑을 주고받을 수 있게 됩니다.

★ JUST DO IT ★
지금 당장 뭘 할 수 있을까?

나 자신을 가장 귀한 사람으로 대접해준다.
"○○야, 너는 지금 이대로도 충분히 괜찮은 사람이야."

타고난 본성대로
살고 있나요?

사람의 운명은 정해져 있다는 말을 한 번쯤은 들어보셨죠?

사람마다 타고난 팔자는 다 다릅니다. 나에게 주어진 운명을 있는 그대로 받아들이면 정말 편합니다. 어깨에 힘이 빠지고 마음도 가벼워지거든요.

예를 들어 강한 기운을 타고난 사람은 일부러 약한 척할 필요가 없습니다.

사실은 강한 성격인데 다른 사람들 눈치를 보면서 산다거나 상대방이 부당한 요구를 해도 거절하지 못하는 등 본성에 맞지 않는 인생을 살면 몸이 아프거나 일이 잘 풀리지 않습니다. 만약 아무리 노력해도 인생이 잘 풀리지 않는다면 내 본성에 맞지 않는 길을 걷고 있기 때문일 수도 있어요.

제 경험에 비춰보면 강한 기운을 타고난 사람은 대부분 인상이 강렬합니다. 무섭게 생겼다거나 성깔 있어 보인다는 뜻이 아닙니다. 눈빛이 살아 있고 생기가 넘친달까요.

저와 함께 일하는 비즈니스 파트너들을 보면 무슨 말인지 바로 알 수 있을 텐데 직접 보여드릴 수 없어서 아쉬울 뿐이네요. 아무튼 다들 얼굴은 온화하고 친근한데 카리스마가 넘칩니다.

이런 사람들의 특징은 자신이 마음에 들지 않거나 내키지 않는 일에 대해서는 부드럽지만 단호하게 거절할 줄 안다는 것입니다. 그런데 그런 본성을 접어두고 착한 척하면서 살면 어떻게 될까요? 인생이 고달파지는 겁니다.

강한 기운을 타고났는데 애써 감추면서 산다니……. 그건 마치 보물단지를 썩히는 꼴입니다. 너무 아깝지 않나요?

예전에 어떤 분이 저에게 이런 고민을 털어놓았습니다.

"어딜 가든 사람들이 저를 괴롭혀서 너무 힘들어요. 남편은 입만 열면 폭언을 퍼붓고 애들은 제가 만만한지 틈만 나면 무시해요. 직장 생활도 진짜 여러 번 했거든요. 근데 회사마다 심술궂은 사람이 꼭 한 명씩 있는데 항상 저만 못살게 굴더라고요. 도대체 왜 이러는 거죠?"

딱 보니 그분의 인상도 강렬했습니다. 그런데 자신이 세상에서 가장 불쌍한 사람인 것처럼 '나는 피해자라 너무 힘들다'고 하소연하는 거였습니다. 그분이 하는 말과 그분의 인생이 너무 어울리지 않아 정말 어색했습니다(웃음).

만약 당신이 이런 경우라면 겉과 속의 차이를 줄이는 연습을 해야 합니다. 타고난 본성대로 마음도 강하게 먹으면 됩니다. 그러면 남이 나를 무시하지도 얕잡아보지도 않습니다.

직장 생활을 여러 번 했는데 회사마다 심술궂은 사람이 꼭 한 명씩 있었다니 아무리 생각해도 그건 이상한 일입니다. 그럴 땐 혹시 나에게 문제가 있는 건 아닌지 의심해봐야 합니다.

물론 남을 괴롭히는 사람은 정말 나쁘죠. 그건 두말할 필요도 없습니다.

하지만 세상에는 "지금까지 나쁜 사람을 한 번도 만난 적이 없다"고 말하는 사람도 분명 있습니다. 그런데 당신 주변에는 왜 유독 심술궂은 사람이 끊임없이 나타날까요? 어쩌면 당신이 그런 사람을 주변으로 끌어들이고 있는 건 아닐까요?

"저는 그런 적 없는데요!"

당연히 이렇게 부정하고 싶겠죠. 하지만 잘 생각해보세요.

당신이 약한 척하니까 착한 사람인 척 연기하니까 나쁜 사람들이 들러붙는 겁니다. 이 문제를 근본적으로 해결하고 싶다면 평소에 강한 에너지를 발산하세요. 요컨대 센 인상에 걸맞게 강한 마음을 가지라는 말입니다.

또 이와는 달리 약한 기운을 타고난 사람도 있습니다.

어떤 사람이냐고요? 굳이 설명하지 않아도 딱 보면 알 수 있습니다.

의지할 데 하나 없어 보이는데 왠지 주변 사람들이 도와주고 챙겨줘서 힘든 일이 별로 없달까요. 괴롭힘을 당하기는커녕 인기가 많아서 늘 즐거워 보인달까요.

이런 사람은 약한 모습으로 살아가야 인생이 잘 풀리기 때문에 오히려 강해지면 안 됩니다.

모든 사람에게는 타고난 본성에 걸맞은 사명이 있습니다. 약한 기운을 타고난 사람에게는 주변 사람들에게 다정함과 배려를 가르치는 사명이 주어졌습니다.

강한 기운을 타고난 사람은 강하게 살아갈 때 행복해지고, 약한 기운을 타고난 사람은 약하게 살아야 인생이 순조롭게 흘러갑니다.

　타고난 본성대로 살아가면 인생도 인간관계도 꼬일 일이
없습니다.

★ JUST DO IT ★
지금 당장 뭘 할 수 있을까?

나는 강한 타입인지 약한 타입인지 생각해보고
그 본성대로 살아야겠다고 결심한다.

'절대 얕보이지 않겠다!'를
뇌에 새겨라

혹시 주변 사람들이 나를 만만하게 봐서 힘들었던 적 없나
요? 이와 관련해서 잊을 수 없는 에피소드가 하나 있어서 소
개하겠습니다.

어떤 남성이 마음에 드는 여성에게 여행을 가자고 했습니
다. 그랬더니 여성은 웃으면서 흔쾌히 허락했다고 합니다. 당
일치기가 아니라 하룻밤 자고 오는 일정도 괜찮고, 한방을 써
도 상관없다고 말했대요. 이런 상황이라면 보통 누구라도 기
대를 하잖아요(웃음). 이번 여행에서 그녀와 연인으로 발전할
수 있겠다고 말이에요.

그런데 그 여성은 교통, 식사, 숙박 등 모든 여행 경비를 남성이 내게 해놓고는 정작 본인의 몸에 손가락 하나 대지 못하게 했다는 겁니다(웃음). 어떻게 그럴 수 있냐고요? 이유는 간단합니다. 남성을 아주 만만하게 봤기 때문이죠.

이 여성은 마음속으로 '이 남자는 어떻게 대해도 상관없다'고 생각했던 겁니다.

남자에게 진심이 없으니까 함부로 대하고 이용해먹은 거죠. 정말 좋아하는 사람에게는 절대 그렇게 행동하지 않습니다.

이 여성도 좀 너무하죠. 남자에게 관심이 없다면 처음부터 거절하면 더 좋았을 텐데 말이에요. 당일치기라면 생각해보겠다든가 하룻밤 자는 거라면 방은 따로 쓰자든가 얼마든지 솔직한 자기 의사를 밝힐 수 있었으니까요. 그러면 남성도 바로 깨달았을 겁니다. '나한테는 마음이 없구나!', '그녀의 마음을 얻으려면 아직 시간이 더 필요하구나!' 하고 말입니다. 괜히 기대만 하게 만들고 돈과 시간과 에너지를 쓰게 했으니 이것만큼 허무한 일도 없을 겁니다(웃음).

여러분도 이와 비슷한 경험을 한 번쯤은 해봤을 겁니다. 그런데 이 또한 모두 나의 책임입니다. 상대방이 나를 만만하게 보고 함부로 대하는 이유는 내가 나를 아끼고 존중하지 않았기 때문이에요. 자기긍정감이 낮으니까 그 마음이 자연스럽게 태도로 드러났고 상대는 직감적으로 그걸 알아챈 겁니다.

나를 만만하게 보고 함부로 대하는 사람에게 휘둘리지 않으려면 먼저 내가 단단해져야 합니다. 어떻게 하면 되냐고요? 가장 빠른 방법은 말의 힘을 빌리는 겁니다. 제가 추천하는 말은 바로 이거예요.

"아자! 아자! 아자!"

반복해서 기합을 넣으면 저절로 힘이 나고 자신감이 생깁니다. 당당하고 강한 에너지를 내뿜으면 누구도 나를 만만하게 보지 않습니다.

하루에 천 번 외치는 걸 추천하는데 처음에는 쉽지 않을 거예요. 그러니까 일단은 하루에 열 번이든 백 번이든 외쳐보세요. 조금씩 횟수를 늘려가면 되니까 억지로 무리하지는 마시고요.

오랫동안 약한 척하는 가면을 쓰면서 살아온 사람은 그 가면을 벗는 데까지 꽤 시간이 걸릴 수도 있습니다. 하지만 "아자! 아자! 아자!" 하고 계속 외치다 보면 마음이 단단해지고 자신감이 솟아날 겁니다.

말에는 강력한 힘이 있으니까 포기하지 말고 꾸준히 실천해보세요.

앞서 말한 남성이 여성에게 쉽게 무시당한 건 '절대 얕보이지 않겠다'는 정보가 뇌에 들어 있지 않았기 때문입니다. 태어날 때는 분명 그 정보가 들어 있었을 텐데 세상에 자신을 맞추며 살다 보니 서서히 소멸한 거죠. 그럴 때는 다시 한 번 그 정보를 뇌에 입력하면 됩니다. 어떻게 하냐고요?

"아자! 아자! 아자!"

이렇게 기합을 넣어보세요. 그러면 다시 파동이 살아나면서 강력한 에너지를 내뿜을 수 있습니다. 내가 그런 에너지를 방출하면 더 이상 누구도 나를 얕잡아보지 않습니다. 나를 이용해먹으려는 사람에게 속을 일도 더 이상 없어집니다(웃음).

누군가에게 무시당한 적이 있다면
내 파동이 약했기 때문일 수 있다.
머릿속에 '절대 얕보이지 않겠다!'는 정보를 입력하자.

같이 우울해지는 것은
상대를 위하는 길이 아니다

가족이나 친구, 연인 등 소중한 사람이 깊은 고민에 빠졌을 때, 돕고 싶은 마음은 굴뚝같은데 어떻게 해야 할지 몰라 당황스러울 때가 있죠. 아무리 노력해도 상대방의 상황이 나아지지 않으면 나까지 무력감이나 절망감을 함께 느끼기도 합니다. 그 마음은 충분히 이해합니다.

그런데 만약 그런 상황이 되더라도 나까지 우울해할 필요는 없습니다. 물론 상대방이 잘되길 바라는 마음에서 그의 이야기를 들어주는 건 좋은 일입니다. 하지만 같이 우울해지는 것은 서로를 위해 좋은 길이 아닙니다.

동정심은 상대방의 마음에 공감하고 함께 아파하는 좋은 감정인 것처럼 보이지만 문제는 상대방의 어두운 감정에 내 마음까지 끌려간다는 것입니다. 힘든 일이 생긴 사람은 이미 에너지가 바닥으로 떨어진 상태이기 때문에 부정적인 말만 내뱉게 되고 그 말을 받아주다 보면 부정적인 감정은 나에게까지 그대로 전파되기 십상입니다.

그렇게 되면 나 역시도 에너지가 떨어집니다. 결국 서로의 에너지가 서로를 끌어내리는 방향으로 작용하는 거죠. 결과적으로 동정심은 서로를 힘들게 만들 뿐입니다.

고민이 해결되기보다는 오히려 서로 지쳐가는 경우가 많습니다. 최악의 경우에는 둘 다 같이 무너질 수도 있습니다. 예전에 이런 사연을 털어놓은 분이 있었습니다.

"지인이 해고됐다길래 너무 안타까워서 이야기를 들어주다 보니 같이 회사 욕을 엄청 하게 됐거든요. 그러다 보니까 회사에 충성해봤자 나만 손해라는 생각이 들더라고요. 열심히 일해봐야 어차피 아무도 알아주지 않으니까 하는 억울한 마음만 들고요. 그래서 그때부터는 점점 일을 좀 대충대충 하게 됐어요. 그런데 그렇게 하다 보니 몇 년 뒤에는 저까지 해고당했지 뭐예요!"

소중한 사람이 힘들어할 때 곁에서 기운을 북돋아주는 것은 좋습니다. 그런데 그럴 때도 밝고 긍정적인 에너지를 발산하는 게 좋습니다. 그러니까 웃음을 잃지는 마세요. 그리고 힘들어하는 사람 옆에 계속 붙어 있기보다는 내가 좋아하는 것들을 하면서 에너지가 방전되지 않도록 관리하는 것이 중요합니다.

"옆에 있는 사람이 힘들어하는데 어떻게 저만 즐겨요. 그건 아닌 것 같은데요."

이렇게 생각하는 분들도 있을 수 있는데 당신이 우울한 모습을 보이는 것보다 밝은 에너지를 내뿜는 것이 상대방에게도 도움이 된다는 걸 잊지 마세요. 사람의 에너지는 언제나 전달되고 축적되는 성질을 갖고 있거든요. 상대방을 위한답시고 같이 침울해지는 것은 그 사람을 위하는 길이 아닙니다. 긍정은 긍정을 부르고 부정은 부정을 부릅니다. 같은 에너지는 서로를 끌어당기는 법칙이 있으니까요. 상대방이 병에 걸렸거나 어떤 문제가 생겼을 때, 당신이 같이 울어주고 우울해한다고 해서 병이 낫거나 문제가 해결되지는 않아요. 오히려 같이 부정적인 이야기만 하다 보면 문제가 더 악화될 수도 있습니다.

상황이 심각하더라도 약간 가볍게, 아무렇지도 않게 대하는 게 좋습니다. 그 사람이 지금 힘들어하는 문제를 건드리기보다는 "저녁 뭐 먹고 싶은 거 없어?", "이 영양제 되게 괜찮더라. 같이 한번 먹어보자"라는 식으로 평소처럼 대하는 게 더 낫습니다.

물론 상대방은 속으로 이렇게 생각할 수도 있습니다.

'나는 힘들어 죽겠는데 옆에서 생글생글 잘도 웃네.'

어쩌면 가시 돋친 말을 내뱉으며 싸늘하게 쏘아붙일 수도 있는데, 그건 어쩔 수 없는 일이에요. 지금 상대방은 절망의 구렁텅이에 빠져 있으니까요. 그때는 억지로 밝은 태도를 강요하기보다는 잠시 거리를 두는 게 낫습니다. 지금 너무 힘들어하는 사람에게 "힘내", "다 잘될 거야"라는 긍정적인 조언을 한다고 해서 위로가 되지는 않으니까요.

그럴 때는 마음속으로라도 그 사람을 위해서 밝고 긍정적인 말을 외치세요. '금방 건강을 회복할 거야!' 또는 '분명 문제가 잘 해결될 거야!' 하고 응원의 목소리를 계속 보내는 겁니다.

말이 씨가 된다는 속담이 있을 정도로 말에는 정말 힘이 있습니다.

당신이 누군가를 떠올리며 주문을 외면 그 말에 담긴 에너지가 정말로 상대방에게 영향을 미칩니다. 사람의 마음은 어떻게 해서든 상대방에게 고스란히 전달되거든요.

상대방이 웃는 모습이나 잘 지내는 모습을 상상하면서 마음속으로 좋은 말을 반복하세요. 그러면 남몰래 그 사람이 행복해지도록 도울 수 있답니다. 당신의 기도만으로도 상대방은 밝고 긍정적인 에너지를 되찾을 수 있어요.

꼭 옆에서 좋은 말을 해주지 못하더라도 기도에는 그와 똑같은 효과가 있으니까 멀리 있는 사람일지라도 밝고 긍정적인 에너지를 보내보세요. 보이지 않고 말하지 않아도 진심이 담긴 따뜻한 에너지는 반드시 상대방에게 전해진다는 걸 잊지 마세요.

참고로 남몰래 도와주는 행위를 '음덕'이라고 하죠.

음덕은 신이 무척이나 기뻐하는 일이에요. 그러니까 하나라도 더 많은 음덕을 쌓으면 지금 삶에서도 다음 생에서도 큰 복을 받을 거예요.

'남에게 베푼 친절은 반드시 나에게 돌아온다'는 말이 있

죠. 당신이 누군가에게 베푼 사랑은 돌고 돌아 결국 나에게
되돌아옵니다. 남을 위해서도 좋은 일이지만 사실은 나에게
도 큰 복이 되는 일입니다. 그러니까 평소에도 음덕을 쌓는
마음으로 지내면 마음이 편안해집니다.

★ **JUST DO IT** ★
지금 당장 뭘 할 수 있을까?

최근 힘든 일을 겪고 있는 친구가 있다면
멀리서라도 그 친구를 위해 응원의 목소리를 보낸다.

진짜 철저하게
복수하는 방법

포털 사이트나 TV를 보면 날마다 새로운 뉴스들이 쏟아집니다. 안타깝게도 좋은 뉴스보다는 사건이나 사고, 스캔들 같은 나쁜 뉴스가 훨씬 더 많이 눈에 띕니다. 그런 뉴스를 볼 때마다 마음이 불편해지죠. 울컥 화도 나고 슬프고 마음이 요동친달까요. 또 회사에서 내가 올린 성과를 누군가 가로채거나 팀원끼리 이간질을 시키는 팀장이 있다거나 하면 일상이 너무 고달파지죠. 뭘 해도 사람이 가장 힘듭니다.

잠깐 일 보러 외출했다가 사람 때문에 기분이 상해서 돌아오는 날도 있죠. 예를 들어 난폭운전으로 다른 운전자와 보행

자를 위협하는 사람을 만났다거나, 공공장소에서 누군가 담배를 피워 불쾌했다거나 하면 그날은 정말 사람이 너무 싫어지기도 합니다.

모두가 잘 알다시피 사람 때문에 받는 스트레스는 사실 인생에서 끊임없이 반복되는 일상이기도 하죠. 직장에는 갑질하는 상사가 있고, 모임에는 자꾸 빈정거리는 친구가 있고, 집에는 눈치 없는 파트너까지 있으니까요(웃음).

이 세상에는 정말 다양한 사람이 있기 때문에 살면서 사람 때문에 불쾌한 일을 겪는 것은 너무나 당연한 겁니다. 그런데 제가 하고 싶은 말은 그런 수많은 종류의 사람들 모두가 신이라는 사실입니다. 물론 이 글을 읽고 있는 당신도 신입니다.

말도 안 되는 소리라며 코웃음 치는 분들도 있겠죠. 하지만 나를 포함해서 사람들 모두가 신인 이유는 간단합니다. 설령 누군가 남에게 피해를 주는 행동을 한다고 해도 그 일을 통해 반드시 배울 점이 있기 때문입니다.

예를 들어볼게요. 어떤 사람이 범죄를 저질러서 경찰에 붙잡혔고, 죄질이 나빠 몇 년 동안 감옥살이를 하게 됐습니다. 그는 피해자에게 고통을 줌과 동시에 자기 자신마저 불행에 빠뜨렸습니다. 감옥에서 생활하면서 그는 비로소 자신이 잘

못 살아왔다는 것을 뼈저리게 깨닫게 됩니다.

또 어떤 사람이 습관적으로 난폭운전을 하다가 결국에는 사고를 냈습니다. 이 사고로 장애인이 된 이후에야 그는 비로소 알게 됩니다. 난폭운전이 얼마나 위험한 행동이라는 것을 말이죠.

또 다른 예를 들어볼까요? 어떤 회사원이 직장에서 늘 동료를 무시하고, 자신의 성과만 챙기며, 남의 공을 가로채는 식으로 행동했다고 합시다. 그는 단기적으로는 성과를 내고 인정을 받을지도 모르지만, 점점 가까운 사람들의 신뢰를 잃게 됩니다. 차곡차곡 좋지 않은 평판이 쌓이다 보니 어느 순간부터는 아무도 그와 함께 일하지 않으려고 들고 결국에는 팀에서 배제되거나 회사에서 정리해고를 당하기에 이릅니다. 그제야 그는 깨닫게 됩니다. 성공은 혼자 쌓는 것이 아니라, 관계 위에 세워진다는 사실을 말이죠.

우리 사회에는 정말 다양한 사람들이 있습니다. 외모도 성격도 가치관도 제각각이죠. 사람마다 생각이 다 다르듯이 영혼의 수준도 천양지차입니다. 여러 번 환생을 경험한 영혼은 이미 이전 생에서 많은 것을 배우며 성장했기 때문에 옳고 그름을 가릴 줄 알아요. 그래서 해도 되는 일과 하면 안 되는 일도 잘 구분하죠.

타인에게 해를 끼치거나 타인의 마음에 상처를 입히는 사람들, 온갖 비리를 저지르는 사람들, 탐욕에 눈이 멀어 범죄를 저지르는 사람들을 보면서 가슴 아파한다면 당신은 영혼의 수준이 높은 사람이에요. 이미 수백 번, 수천 번도 더 다른 인생을 통해 다양한 경험을 한 거죠. 그렇게 여러 생을 거치면서 많은 걸 배우고 깨우쳤기 때문에 어리석은 사람을 보면 마음이 아픈 겁니다.

만약 그런 감정이 든다면 내가 세상을 잘 이해하고 있다는 증거라고 받아들이세요.

그런데 세상에는 경험이 부족한 영혼이 더 많습니다. 환생한 횟수가 손에 꼽을 정도로 적기 때문에 아직 배움이 깊지 않죠. 그래서 이런저런 실수를 저지르는 겁니다. 이들은 다른 사람에게 큰 죄를 짓기도 하고 피해를 주기도 하는데, 사실 그것은 지금 이 순간에도 배우고 성장하고 있다는 뜻이에요.

당신도 지금은 인간을 이해하는 정도가 깊은 사람일지 모르지만 전생에는 엉뚱한 짓이나 큰 잘못을 저질렀을 수도 있습니다. 물론 저도 마찬가지입니다.

그런 관점으로 사람들을 생각하면 심하게 비난하거나 손가락질할 수가 없습니다. 물론 어떤 사람이 씻을 수 없는 잘못을 저질렀다면 공권력이 살아 있는 한 경찰이 체포하고, 판사가 처벌할 겁니다. 벌을 내리는 일은 전문가에게 맡기시고 당신은 그 사람을 특별히 미워하거나 그러지는 마세요.

당신이 할 일은 '저 사람은 지금 배우고 있는 중이구나!' 하고 그저 관망하는 겁니다. 가능하다면 그 사람이 조금이라도 빨리 배우고 깨우칠 수 있도록 응원하면 더 좋고요.

그러면서 속으로는 '적어도 나는 저렇게 되지는 말자'라고 되뇌면 끝입니다. 그 이상은 철저하게 무관심으로 일관하는 게 오히려 복수하는 길입니다. 굳이 복수를 해야 한다면 이 방법을 택해보세요. 그리고 나서 나는 타인의 말과 행동에 흔들리지 말고, 내가 좋아하는 일에 집중하면서 인생을 즐기는 겁니다.

만약 아무리 노력해도 이게 잘 되지 않는다면 어떻게 해야 할까요? 그러면 당신이 이번 생에서 수행해야 할 과제는 '흔들리지 않는 마음을 배우는 것'입니다. 그 단 한 문장을 가슴에 새기면서 하루하루를 그냥 살면 됩니다.

★ JUST DO IT ★
지금 당장 뭘 할 수 있을까?

누가 봐도 악인인 사람을 보면 분노하기보다는
'저 사람은 지금 배우는 중이구나' 하고 가라앉힌다.

질투심을 제대로
다루지 못하면 결국 당한다

사회에 나가 일을 하기 위해서는 어쩔 수 없이 경쟁을 하게 됩니다. 그에 따라 스트레스도 많이 받게 되죠. 그런데 사실 경쟁이 나쁜 건 아닙니다. 경쟁이 있기 때문에 나도 당신도 더 좋은 서비스와 상품을 누릴 수 있으니까요.

스포츠 선수나 예술가도 마찬가지예요. 경쟁자가 있기 때문에 노력을 게을리하지 않고, 그 결과 나의 실력이 향상되니까요. 사회가 윤택해지려면 경쟁은 꼭 필요한 도구입니다.

그런데 경쟁을 하다 보면 질투라는 감정이 생기게 마련이죠. 질투는 강력한 에너지를 품은 감정이라 사람의 마음을 단번에 지배합니다. 그래서 질투가 심해지면 자기 통제력을 잃어버리고 부정적인 감정에 휩싸이기 쉽습니다. 누구나 한 번쯤은 질투에 눈이 먼 적이 있을 거예요. 지금 이 순간에도 질투에 시달리고 있다면 마음이 괴롭겠죠.

그런데 이 질투라는 감정은 어떻게 쓰느냐에 따라 에너지의 흐름이 달라집니다.

방금 말했다시피 질투는 엄청난 에너지를 품고 있어요. 그 에너지를 내 몸에 그대로 흡수하면 몸과 마음은 만신창이가 되지만, 그 에너지를 나를 성장시키는 데 사용하면 결과는 달라집니다. 질투를 느껴서 몸이 아프거나 마음이 괴롭다면 그 에너지를 잘못된 방향으로 쓰고 있기 때문이에요.

그렇다면 인간은 왜 질투를 할까요? 먼저 질투라는 인간의 본능, 즉 질투의 메커니즘에 대해 알아보겠습니다.

당신이 누군가에게 질투심이 생기는 건 '나도 저 사람처럼 할 수 있다'는 마음이 든다는 신호입니다. 나도 그만큼 능력이 있고 잘할 수 있다는 생각이 들기 때문에 질투가 나는 겁니다. 만약 누군가 내가 전혀 범접할 수 없는 일을 해내거나 나보다 월등히 뛰어난 실력을 갖고 있다면 질투조차 생기지 않습니다.

운동이라고는 젬병인 평범한 회사원이 세계 챔피언 권투 선수를 보며 질투심을 느낄까요? 올림픽 금메달리스트가 활약하는 모습을 보면서 치를 떨까요? 제가 알기로 그런 경우는 거의 없습니다.

보통 사람들은 세계 챔피언 권투 선수나 올림픽 금메달리스트가 되고 싶어 하지도 않거니와 그걸 목표로 삼지도 않습니다. 나로서는 도저히 할 수 없는 일이기 때문에 스포츠 선수가 활약하는 모습을 보면 '진짜 잘한다!', '정말 대단하다!'라며 진심으로 기뻐합니다. 질투하기는커녕 오히려 같은 국민으로서 자랑스러워할 뿐입니다. 그렇다면 평범한 회사원은 누구를 질투할까요? 그 대상은 바로 학창 시절 친구나 직장 동료입니다.

'쟤는 나보다 좋은 회사에 취직했네.'
'저 친구는 나랑 똑같이 입사했는데 먼저 승진하네.'

왜 이렇게 가까운 사람을 질투하는 걸까요? 자신도 그 친구나 직장 동료처럼 충분히 자격이 있다고 생각하기 때문입니다.

'나도 진짜 열심히 했는데……'

'나도 충분히 실력이 있는데……'

이런 마음이 생기는 거죠. 결코 상대방이 밉거나 잘돼서 싫은 건 아니라는 말이죠. 그저 자신에게는 기회가 오지 않으니까 답답하고 짜증이 나는 심리입니다. 한마디로 정리하자면 질투란 '내가 원하는 걸 아직 얻지 못해서 느끼는 초조한 감정'입니다. 질투심이 생겼다는 건 어쩌면 하늘로부터 계시를 받았다는 뜻일 수도 있어요.

'너도 이제 행운을 받아들일 준비가 됐구나!'

'질투라는 강력한 에너지를 추진력으로 바꿔서 너도 한번 도전해봐!'

이렇게 생각의 방향을 잡으면 질투가 꼭 나쁜 감정은 아니라는 걸 깨달을 수 있습니다.

이렇듯 질투는 어떻게 쓰느냐에 따라 독이 될 수도 있고 약이 될 수도 있습니다. 비유하자면 질투는 전기와 같습니다. 전기는 아주 편리하고 고마운 에너지죠. 전기 덕분에 인류는 밤에도 환한 방에서 지낼 수 있고, 여름에는 시원하게 겨울에는 따뜻하게 보낼 수 있게 되었습니다. 게다가 요즘에는 TV나 스마트폰으로 언제든지 내가 원하는 걸 볼 수 있는 세상이 도래했습니다.

하지만 전기는 딱 한 번이라도 잘못 쓰면 돌이킬 수 없는 재앙이 닥칩니다. 전기가 합선돼서 불꽃이라도 튀면 화재로 이어져서 전 재산을 잃을 수도 있고, 실수로 감전되면 한순간에 목숨을 잃을 수도 있으니까요.

전기는 인간의 일상에 필수재이지만 잘못 사용하면 무서운 흉기가 될 수도 있습니다. 만약 질투 때문에 괴롭다면 전기에 감전돼서 온몸이 찌릿찌릿한 상태라고 생각해보세요.

질투라는 유용한 도구를 엉뚱하게 쓰니까 몸과 마음이 아픈 겁니다. 그러므로 질투심이 올라오면 '좋아, 드디어 나한테도 기회가 왔다!'는 마음을 품어보세요. 그러면 엄청난 추진력과 동기 부여를 얻을 수 있습니다. 어쩌면 질투를 어떻게 다루느냐에 따라 나의 미래가 달라질 수 있습니다. 질투를 동기 부여의 도구로 사용해보기. 자, 오늘부터 시작해보실까요?

★ JUST DO IT ★
지금 당장 뭘 할 수 있을까?

회사 동료가 독립해서 성공했는데 질투가 난다면
'나에게도 이제 기회가 왔다'는 신호로 받아들이자.

이별도 사랑을 배우는
소중한 경험이다

우리는 살아가면서 수많은 사람과 만나고 헤어지기를 반복
합니다.

그중 특별한 사람과 만나고 이별을 겪으면서 사랑을 배우
기도 합니다. 사람마다 생각이 다르고, 같은 일을 경험해도
받아들이는 방식은 제각각이죠.

수많은 인간관계 속에서 '왜 저 사람은 저렇게 생각할까?'
라는 의문이 들 때가 많지만 슬프게도 나와 취향, 관심사, 감
수성이 백퍼센트 일치하는 사람은 세상에 존재하지 않습니
다. 그것이 인간의 근원적인 외로움이라면 외로움이고 숙명
이라면 숙명일 것입니다.

이렇게 나와 다른 사람들과 함께 살아가려면 반드시 가져야 할 태도가 있습니다.

바로 '존중하는 마음'이죠. 또한 이 마음은 '사랑'이 깔려 있어야만 가능해집니다. 사랑, 인간에 대한 애정이 없으면 일도 인간관계도 사랑도 어느 것 하나 쉽지 않습니다.

물론 살다 보면 도저히 사랑할 수 없는 사람, 아무런 인간미가 느껴지지 않는 사람, 전혀 매력적이지 않은 사람과 얽힐 때도 있죠. 하지만 그런 순간에도 또 다른 진리를 배우게 됩니다. 신은 우리에게 그 진리를 가르쳐주려고 이토록 다양한 사람을 만든 게 아닐까요?

우리는 죽이 잘 맞는 친구, 호감이 가는 상대, 함께 성장하는 동료뿐만 아니라 싫어하는 사람으로부터도 뭔가를 배웁니다. 오히려 그런 사람을 통해 더 많은 것을 깨달을 때도 있습니다. 전혀 다른 가치관, 전혀 다른 세계관, 전혀 다른 사랑의 방식을 경험하게 되니까요. 아무리 못난 사람일지라도, 아무리 나쁜 사람일지라도 그 사람을 통해 배우는 바가 있습니다.

예를 들어 당신이 어쩌다가 스스로를 사랑하지 않는 사람, 콤플렉스에 시달리는 사람과 사귀었다고 칩시다. 몇 년 사귀

었지만 상대방의 자격지심에 지친 당신은 그에게 이별을 통보했습니다. 그러자 그는 울면서 매달리더니 폭력적으로 돌변해서 당신을 힘들게 합니다. 이때 당신은 어떻게 해야 할까요? 매달리는 그 사람을 다시 받아줘야 할까요, 아니면 매몰차게 선을 그어야 할까요?

이때는 단칼에 헤어지자고 말해야 합니다. 만약 그래도 그 사람이 들러붙는다면 도망쳐서라도 관계를 끝내는 게 좋습니다. 끝까지 함께하는 것이 아니라 놓아주는 것이 진짜 사랑인 관계도 있거든요.

자격지심에 시달리는 상대방을 또다시 그대로 받아주면 그는 자신이 뭘 잘못했는지 죽을 때까지 모를 수도 있습니다. 비슷한 문제가 발생했을 때 또다시 눈물로 매달리고 폭력을 휘두르면 될 거라고 생각할 수도 있습니다. 심한 경우에는 정말 위험한 사고가 일어날 수도 있습니다. 그렇게 되면 당신은 자기 자신도, 상대방도 소중히 여기지 않는 사람이 되고 맙니다. 결국 아무도 사랑할 수 없는 상태가 되어버리는 거죠.

그와 달리 여지를 남기지 않고 단칼에 끊어내면 그는 한두 번 매달리다가 제풀에 지쳐 그만둘 겁니다. 인간의 몸은 기억의 덩어리입니다. 그는 그 이후에 어떤 사람을 만나더라도 지난날을 돌아보며 자기 자신에 대해 깊이 성찰할 수 있습니다. 이 경우 당신과 그 사람은 비록 헤어졌지만 서로에게 사랑을 준 거라 할 수 있습니다. 나는 나 자신을 소중히 여기는 걸 배웠고, 상대는 스스로 성장하는 법에 대해 배울 수 있었기 때문입니다.

그러므로 우리는 나쁜 사람, 나쁜 연애를 통해서도 사랑을 배울 수 있습니다. 그 일을 겪었기 때문에 비로소 알게 된 진리가 내 몸에 새겨졌으니까요. '나도 아끼고 상대도 아낀다는 게 이런 거구나!' 하고 말이에요.

이렇듯 좋은 사람을 통해서는 결코 배울 수 없는 걸 나쁜 사람을 통해서 알게 되기도 합니다. 그러므로 모든 만남과 이별은 사랑을 공부할 수 있는 소중한 경험입니다.

지금 내 눈앞에 있는 사람은 나에게 사랑을 가르쳐줄 스승일 수 있습니다. 그 사람에게 사랑을 배우고 나면 그와 똑같은 시련은 다시 겪지 않아도 됩니다.

나와 헤어진 그 사람도 이별을 통해 많은 걸 배우고 깨달았을 거예요. 나 역시 그 사람에게 사랑을 가르쳐준 스승일 수 있습니다.

그렇게 나도 그 사람도 한 단계 성장하면 그만큼 성숙한 사람을 만날 수 있고, 새로운 사랑도 배울 수 있습니다. 그러니 헤어졌지만 사랑일 수밖에요. 달콤한 일뿐만 아니라 쓰고 시고 맵고 짠 경험을 골고루 하다 보면 사랑은 더 깊어집니다. 그렇게 사랑을 깊게 알아갈수록 자기긍정감도 단단해지죠. 그러므로 세상에는 잘못된 만남이나 이별은 없습니다. 생각해보면 모든 만남과 이별은 소중한 경험이자 참으로 감사한 일입니다.

★ JUST DO IT ★
지금 당장 뭘 할 수 있을까?

헤어졌던 연인이
나에게 무엇을 가르쳐주었는지 되새겨본다.

저는 자기긍정감이 높은데
왜 인기가 없을까요?

Q 자기긍정감이 높으면 인기가 많나요? 저는 자기긍정감이 높다고 생각하는데 이상하게 이성에게 인기가 별로 없습니다. 뭐가 문제일까요?

A 자기긍정감이 넘치면 다른 사람에게도 매력적으로 보이게 마련이에요. 그런데도 인기가 없다면 안타깝지만 어지간히 매력이 없는 게 아닐까요(웃음)?

자기긍정감이 가려질 정도로 치명적 단점이 있다는 말이죠. 바꿔 말하면 결국은 자기긍정감이 부족하다는 말입니다.

매력은 덧셈이거든요. 예를 들어 당신에게 매력 점수가 50점 있다고 해볼게요. 그런데 치명적 단점이 -100점이라면 당신의 최종 매력 점수는 −50점이에요. 최종 점수가 마이너스니까 당연히 인기가 없죠(웃음).

"그 사람 괜찮긴 한데 그건 진짜 별로더라……."

인기가 없는 사람은 주변 사람들로부터 이런 말을 곧잘 듣습니다. 만약 당신이 스스로 자기긍정감이 높다고 생각하는데 인기가 별로 없다면 주변 사람 중 하나에게 솔직하게 한번 물어봐야 합니다.

"나는 정말 내 단점을 알고 싶어서 그러는데 솔직히 말해줄 수 있어?"

정말 듣는 자세로 주변에 이렇게 물어보면 뭐가 문제인지 금방 알 수 있을 겁니다. 그게 뭔지 알았다면 고치려고 노력하면 됩니다.

혼자 고민하면서 답답해한다고 해서 해결되기는 쉽지 않습니다. 의외로 많은 분들이 자기 단점을 스스로 자각하지 못하는 경우가 많습니다. 자기 자신을 객관화하기 위해서는 타인의 평가를 허심탄회하게 들을 줄 아는 아량이 꼭 필요합니다. 귀를 열고 들어보세요. 사람들이 솔직하게 하는 말 중에는 분명 자신에게 도움이 되는 말이 들어 있을 겁니다.

한낱 생쥐도 매력을 잘 다듬은 덕분에 전 세계가 사랑하는 미키마우스로 거듭날 수 있었잖아요(웃음). 그러니까 당신도 포기하지 마세요. 나의 단점을 명확히 인지한다면 얼마든지 매력 포인트로 승화시킬 수 있습니다.

자기긍정감 불변의 법칙 4

성공하고 싶다면
'내 마음'부터
잡아라

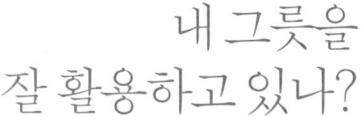

내 그릇을
잘 활용하고 있나?

사람에게는 저마다 자기 그릇이 있습니다. 흔히들 누군가를
평가할 때 그 사람의 인품이나 역량 등을 그릇에 비유하죠.

"그분은 진짜 그릇이 크다니까."
"그 사람은 그럴 만한 그릇이 아니야."
"아휴, 쟤는 어쩜 그릇이 간장 종지만도 못한지 모르겠어."

이런 말을 한 번쯤은 들어보셨죠? 그릇은 사람의 됨됨이나
포용력, 이해력 등 인간적인 매력을 뜻합니다.

여러분은 그릇이 큰가요, 아니면 작은가요? 그릇의 크기는

아주 중요합니다. 인생 전반에 영향을 주기 때문이죠. 성공, 여유, 운, 인기, 행복 같은 건 모두 그 사람이 가진 그릇의 크기로 결정됩니다.

작은 술잔과 거대한 물탱크는 엄청나게 큰 차이가 있죠. 받을 수 있는 물의 양이 완전히 다르니까요. 사람의 인생도 똑같습니다. 자신이 가진 그릇 크기에 따라 누릴 수 있는 삶은 완전히 달라집니다. 그런 의미에서 말하자면 자기 그릇이란 결국 자기긍정감이라고도 할 수 있습니다.

예를 들어 당신이 부유층으로 태어났다거나 부모 또는 형제가 유명인이라고 가정해봅시다. 만약 그렇다면 그 조건을 잘 활용해야 합니다. 연줄을 내세우면서 건방을 떨거나 갑질을 하라는 말이 아닙니다. 그것은 오히려 자기 그릇을 작게 만드는 행동이죠.

다만 주어진 기회조차 잘 활용하지 못하는 사람은 정말 큰 기회가 주어졌을 때도 제대로 살려내지 못하는 경향이 있다는 겁니다. 내가 이용할 수 있는 덕을 잘 이용하는 것도 그릇을 넓히는 좋은 기회라는 걸 기억하는 게 좋습니다. 부유층에서 태어났다고 해서 모두가 성공하는 건 아니니까요.

또 만약 당신이 인맥이나 연줄이 전혀 없다고 해도 너무 억울해할 필요는 없습니다. 아무것도 없다는 건 그만큼 스스로 채울 수 있는 게 많다는 뜻이니까요. 밑바닥에서부터 차근차근 배우고 성장하면서 매력을 쌓아가는 것이 바로 자기 그릇을 점점 키워나가는 길이에요.

모든 사람은 세상에 태어나기 전에 이미 스스로 자기 삶의 방향을 결정한다고 합니다.

물론 이 말을 있는 그대로 수긍하는 사람은 드물겠죠.

'왜 하필이면 이런 부모 밑에서 태어났을까?', '왜 내 옆에는 이렇게 나쁜 사람들이 많을까?', '왜 나한테는 이렇게 힘든 일이 많을까?' 하는 생각이 먼저 들 테니까요.

그런데 저 말의 의미는 모든 운명이 이미 다 결정돼 있다는 '운명론'이 아닙니다. 이 말이 쓰이는 맥락은 정반대예요. 부모 탓, 남 탓, 환경 탓을 멈추고 내게 주어진 조건에서 '나는 어떤 선택을 할 것인가'가 더 중요하다는 것을 말해주고 있으니까요.

만약 지금 당신의 삶이 조금 삐걱거리더라도 순조롭게 흘러가고 있다면 지금 택한 그 길이 맞는 겁니다. 하지만 그와 반대로 하는 일마다 잘 안 되고 몸이 아프고 힘들다면 그 길이 내 길이 아닐 수도 있다는 신호입니다.

그리고 자기 그릇은 인생이 잘 풀릴 때 점점 더 커집니다. 사람은 성숙해질수록 더 큰 만족감을 느끼는데 그 감정을 온전히 받아들이기 위해서는 더 큰 그릇이 필요해지거든요. 즉 자기 그릇은 무한대입니다. 마음이 넓어질수록 자기 그릇도 끝없이 커지니까요.

참고로 가난한 집에서 태어나 배움이 턱없이 부족했지만 스스로 길을 개척해 세계적인 기업 파나소닉을 일궈낸 마쓰시타 고노스케 같은 사람도 있습니다. 그는 가진 게 없는 정도가 아니라 오히려 마이너스에서 시작했습니다. 하지만 위기를 기회로 바꾸면서 자기 그릇을 키워나갔죠. 이 또한 그가 세상에 태어나기 전에 이미 선택한 삶입니다.

역사 속 인물들을 살펴보면 알 수 있는데 사실 어려움에 처한 사람일수록 엄청나게 성공하는 경우가 정말 많습니다. 또 반대로 정말 좋은 환경에서 태어났지만 재산을 모두 탕진하거나 부모에게 물려받은 회사마저 유지하지 못하고 망하게 만드는 사람도 많습니다. 좋은 패를 쥐고 태어났지만 자기 그릇을 키우지 못했기 때문이죠.

아무것도 가진 거 없이 태어난 사람은 스스로 그릇을 크게 키울 수 있는 사람입니다. 나의 능력만으로 배우고 성장할 수 있다는 뜻이기도 합니다. 그렇게 생각하면 사실 아무것도 없는 쪽이 오히려 이득일 수도 있습니다. 그렇지 않나요?

결국 모든 것은 생각하기 나름입니다. 어떤 관점으로 인생을 대하는가가 중요합니다.

'나는 왜 이렇게 가난하게 태어났을까?'
'어쩜 이렇게 잘하는 게 하나도 없을까?'

이렇게 나에게 주어진 운명을 원망했던 사람도 관점을 조금만 바꾸면 이렇게 생각할 수도 있는 것이죠.

'나는 천성이 낙관적이야. 이게 나의 치트키야.'
'내가 훨씬 잘하는 것도 있어.'

이렇게 나에게 주어진 운명을 긍정적으로 받아들이는 순간 자기긍정감이 확 올라갑니다. 스스로를 어떻게 바라보느냐에 따라서 미래는 얼마든지 바꿀 수 있습니다. 그때부터 당신의 인생은 백팔십도 달라질 거예요. 다시 말해 반전 인생이 시작될 겁니다.

★ JUST DO IT ★
지금 당장 뭘 할 수 있을까?

불리하다고 생각했던 나의 운명이
오히려 기회가 된 적은 없었는지 찾아보자.

잘나가는 누군가를 흉보는 건
패배자의 투정일 뿐이다

전쟁에서 이기려면 적을 잘 알아야 합니다. 특히 적군의 약점이나 방어가 허술한 부분을 찾아내는 게 관건입니다. 약한 지점을 파고들어 공략하면 이길 수 있기 때문이죠.

그런데 전쟁과는 달리 비즈니스에서는 공존공영하는 게 핵심 가치입니다. 가장 먼저 해야 할 일은 상대방의 장점을 찾아내서 좋은 점은 그대로 따라 하는 것입니다. 그렇게 하지 않으면 성공하기 힘듭니다.

경영자든 회사원이든 경쟁자를 볼 때마다 '일을 저렇게 하면 안 되지! 방식이 완전 틀려먹었네!'라면서 상대방의 단점만을 지적하는 사람이 있죠. 저는 그런 사람을 보면 조용히

속으로 생각합니다.

'아, 저 사람은 성공하기 힘들겠구나!'

하물며 경쟁자의 약점이나 허점을 까발리거나 궁지에 몰아넣는 사람은 어떨까요? 일시적으로는 경쟁에서 이기는 것처럼 보일지도 모르지만 이렇게 비겁한 방법을 쓰는 사람은 결국에는 실력이 모자라 도태되는 경우가 더 많습니다.

그렇다면 왜 상대방의 단점만 자꾸 눈에 들어올까요? 그것은 자신이 잘 알고 있는 분야라고 생각하기 때문입니다. 내가 못하는 일이라든가 애초에 알아차릴 수 없는 일이라면 눈에 들어오지도 않았겠죠.

그런데 내가 잘하는 점만 생각하면 위험합니다. 새로운 것을 배우지도 못하고 더 성장할 수도 없으니까요. 성공했던 방식을 반복했을 때 계속 성공하리라는 보장은 그 어디에도 없습니다. 일터의 생태계는 끊임없이 순환하고 있으니까요. 내가 잘하는 점만 생각하는 건 어쩌면 내 안에 있는 초조함을 표출하는 행동일 수도 있습니다.

"원래 우리가 훨씬 더 잘해!"

"우리가 이기고 있어!"

실제로는 경쟁자한테 밀리고 있는데 그 사실을 인정하기 싫으니까 애써 질투심을 감추고 있는 거죠. 하지만 정말로 내가 훨씬 더 잘했다면 경쟁자에게 밀릴 리가 없잖아요(웃음)?

만약 나의 경쟁자가 성과를 내고 있다면 분명 나보다 더 뛰어난 점이 있기 때문입니다. 그 사람은 내가 갖지 못한 뭔가를 갖고 있어요. 그런 경쟁자에게 서툴고 모자란 점이 많다면 역으로 그 점을 상쇄할 만큼의 엄청난 장점이 있다는 뜻 아닐까요?

그러니까 중요한 건 상대방의 장점을 찾아내는 겁니다. 지금은 흠을 찾고 트집을 잡을 때가 아니에요.

잘 생각해보세요. 상대방이 앞으로 서툴고 모자란 점을 하나씩 고쳐나가면 어떻게 될까요? 그때는 나에게 승산이 없습니다. 내가 흠을 찾는 동안에 상대방은 완벽하게 허점을 보완할 테니까요. 당연히 나는 경쟁에서 뒤처질 수밖에 없죠.

진심으로 성공하고 싶다면 경쟁자가 가진 약점이나 허점 같은 건 신경 쓰지 마세요. 내가 왜 지고 있는지 철저하게 원인을 분석하세요. 그러면 지금까지 몰랐던 점이나 놓치고 있던 부분을 알 수 있습니다.

'저 회사는 이렇게 하는구나. 정말 대단하네!'
'이 일을 할 수 있는 건 저 사람밖에 없어!'

이렇게 나보다 잘하는 모습에 집중하다 보면 질투심을 넘어서 저절로 존경심이 생기게 마련입니다. 그러면 비로소 깨닫는 바가 있습니다.

'아, 우리는 경쟁자가 아니라 더 좋은 사회를 함께 만들어 나가는 동반자구나! 같이 이 사회를 만들어가고 있구나!'

즉 공존공영이라는 관점이 생기는 거예요. 이런 관점을 갖게 되면 경쟁자마저 자기편으로 만들면서 한 발 한 발 착실하게 성공 계단을 올라갑니다.
회사에서 만난 경쟁자이건 업계에서 만난 타사의 경쟁자이건 나보다 잘나가는 누군가를 흉보는 건 사실 패배자의 투정이나 마찬가지입니다.
겉으로는 이겨보려고 애쓰는 것 같지만 마음속으로는 이미 백기를 들고 항복했다는 증거입니다. 그러니까 당신은 절대로 그런 행동을 하지 마세요.

혹시라도 주변에 경쟁자의 약점을 까발리는 사람이 있다면 그냥 조용히 무시하는 게 좋습니다. 상대방이 도발하더라도 넘어가지 않는 게 가장 현명한 태도입니다. 그런 사람은 그냥 두면 알아서 조용히 사라질 테니까요.

★ JUST DO IT ★
지금 당장 뭘 할 수 있을까?

잘나가는 사람을 습관적으로 비난하는 사람이 있다면
조용히 멀어지자.

집요하게
파고들어라

사람은 누구나 성공을 꿈꿉니다. 평범한 직장인도 수완 좋은 사업가도 예술가나 운동선수도 각자 목표하는 바는 다르지만 잘되고 싶은 마음은 같습니다. 그런데 똑같이 도전한다고 해서 모두가 잘되는 건 아니죠. 누군가는 성공하고 누군가는 실패합니다. 그 차이는 뭘까요?

'얼마나 집요하게 파고드는가.'

저는 이것이 성공 비결이라 생각합니다. 아무리 힘들어도 중간에 포기하지 않는 것. 끝까지 붙잡고 해나가는 끈기와 집

착이 가장 강력한 성공 요인입니다.

예를 들어 국숫집을 운영한다면 어떤 재료로 국물을 우려낼지부터 면발 굵기, 고명으로 뭘 올릴지까지 하나하나 만들어보면서 철저하게 연구해야 합니다. 이때 맛있는 국수를 만드는 건 당연한 일입니다. 국숫집이니까요. 그런데 맛있다고 해서 다 장사가 잘되는 건 아니죠.

음식을 만드는 주방부터 손님이 이용하는 식기와 테이블, 매장 구석구석까지 깨끗하게 관리하는 것도 중요합니다. 또 웃는 얼굴로 손님을 맞이해야 하고 밝은 목소리로 '어서 오세요', '감사합니다!' 하고 인사해야겠죠. 맛뿐만 아니라 서비스 등 사소한 것까지 세심하게 신경 써야 합니다. 손님한테 "네"라고 대답할 때도 마찬가지예요. 목소리가 너무 작으면 손님한테 들리지 않고 너무 크면 손님이 깜짝 놀랍니다. 그러니까 손님이 기분 좋아지려면 어떤 목소리 톤으로 말해야 할지도 생각해야 되겠죠. 이렇듯 장사에서 성공하려면 맛의 달인, 청소의 달인, 웃음의 달인, 인사와 대답의 달인이 되어야 합니다. 성공하는 사람은 하나부터 열까지 놓치지 않고 집요하게 파고듭니다.

그렇게까지 했는데도 손님이 안 온다는 건 말도 안 됩니다.

맛도 좋고, 가게도 깨끗하고, 늘 웃는 얼굴에 인사도 잘하고, 대답도 기분 좋게 하는데도 손님이 없다면 어딘가 어긋났다는 뜻입니다. 자신은 진심으로 잘하고 있다고 생각할지 모르지만 손님 입장에서 보면 분명 문제가 있을 겁니다. 손님이 오면 장사를 잘하고 있다는 뜻이고, 안 오면 뭔가를 잘못하고 있다는 것과 같습니다. 그만큼 장사의 세계는 정직하고 분명합니다.

만약 손님들 반응이 좋지 않다면 지금 가게를 운영하는 방식이 잘못됐다는 신호예요. 어떤 점이 부족한지 더 집요하게 파헤쳐야 성공 확률이 높아집니다. 돈을 내는 손님은 하늘에서 뚝 떨어지는 게 아닙니다.

그렇다면 회사원의 경우는 어떨까요? 자기 일에 별 애착도 집요함도 없는 사람에게 회사에서 고액 연봉을 주려고 할까요? 절대 그럴 리가 없죠. 손님도 회사도 똑같습니다.

'그 직원 참 괜찮네!'
'이렇게 세심한 데까지 신경 쓰다니 서비스가 정말 좋네!'

이런 마음이 들게 하지 않으면 나에게 돈을 쓰지 않습니다.

그러니까 '이 사람에게는 얼마든지 돈을 쓰고 싶다'는 마음이 들도록 만드는 게 중요합니다. 그 점에 집요하게 매달리세요.

손님이든 회사 사장이든 '내가 낸 돈보다 더 이득을 봤다'는 생각이 들게 만들어야 합니다. 바로 그 점에 집중하세요. 그러면 갑자기 일이 재미있어집니다.

내가 좋아하는 취미를 즐길 때는 엄청 신이 나잖아요. 돈을 들여서라도 좋은 장비를 사거나 시간이 없어도 시간을 내서 하죠. 그리고 열심히 할수록 점점 재미있어집니다.

동네 야구든 여행이든 등산이든 춤이든 그것을 취미로 즐기는 사람은 시간 가는 줄 모르고 열심히 몰두합니다. 몰두하기 때문에 재미없을 수가 없죠. 재미있기 때문에 집요하게 파고들고 '다음에는 이렇게 해볼까?' 하고 새로운 아이디어도 떠올리죠.

그런데 일도 마찬가지입니다. 애정을 가지고 집요하게 파고들수록 점점 더 재미있어집니다.

처음에는 별로 재미없어도 마음을 쏟고 열심히 하다 보면 어느 순간부터 재미가 확 붙죠.

집요하게 파고들었는데도 재미가 없다면 그 일은 나한테 맞지 않는 거예요. 그때는 지금 하는 일에 억지로 매달리지 말고, 나에게 더 잘 맞는 일을 찾아보는 게 좋습니다.

어떤 일을 할 때 재미를 느끼는지 세심하게 자신을 관찰해보길 권합니다.

"일이요? 그냥 먹고살아야 하니까 어쩔 수 없이 하는 거죠."

이렇게 말하는 사람은 이미 틀렸습니다. 저는 이런 사람이 자기 일을 더 잘해보려고 끈질기게 매달리는 모습을 본 적이 없습니다. 애정도 없고 노력도 안 하니까 일이 재미없는 거예요. 그건 너무나 당연한 일이잖아요.

열심히 안 하니까 성과도 안 나오고 새롭게 깨닫는 것도 없죠. 성장하는 느낌은커녕 인정받는 느낌도 안 들죠. 그러니 더더욱 재미있을 리가 없습니다.

일이 즐겁다는 건 쉽게 할 수 있다는 뜻이 아닙니다. 처음에는 뭐든지 집요하게 파고들고 연구하면서 죽이 되든 밥이 되든 끝까지 해봐야 합니다. 그렇게 하다 보면 어느 순간부터 일이 진짜 재미있어집니다. 그런 단계에 들어가면 도와주겠다는 사람도 하나둘 생겨서 자연스럽게 일이 더 수월해집니다. 여러분도 이 경지에 들어가는 경험을 꼭 해보시기를 바랍니다. 하다 보면 분명 그럴 때가 오거든요.

★ JUST DO IT ★
지금 당장 뭘 할 수 있을까?

만약 지금 하는 일이 재미가 없다면
나에게 맞는 다른 일을 찾아보자.

먼저 베풀어야 하는
이유

"좋은 회사에 취직했으니까 이제 마음 좀 놓이겠네."

사람들은 흔히 이렇게 말합니다. 물론 탄탄한 회사라면 망할 위험도 적고, 급여와 복지도 좋겠죠.

그런데 저는 조금 생각이 다릅니다. 좋은 회사에 취직하는 것보다 좋은 직원이 되는 게 더 중요합니다. 자신이 입사한 회사에 조금이라도 보탬이 되기 위해 노력하세요.

그렇게 하는 것이 결국에는 자기 자신에게도 더 큰 이득으로 돌아오거든요.

'나는 좋은 회사에서 연봉 많이 받으니까 괜찮아!'

혹시 이렇게 자만하고 있지는 않나요? 현실에 안주하면서 노력하지 않으면 나중에 큰코다칩니다. 회사가 하락세로 돌아서서 갑자기 해고를 당할 수도 있고, 최악의 경우에는 망할 수도 있으니까요.

어쩔 수 없이 새 직장을 구해야 하는 상황이 벌어졌을 때, 그동안 노력을 게을리한 사람은 결국 갈 데가 없거나 고만고만한 회사에 취직할 수밖에 없습니다.

반대로 어떤 회사에서든 '나를 믿고 뽑아줘서 정말 감사하다'는 자세로 최선을 다한 사람은 분명 주변 사람들로부터 인정받게 됩니다. 회사도 그런 사람은 금방 알아봅니다. 이런 사람은 만약 그 회사에서 일할 수 없게 되더라도 다른 길이 바로 열립니다. 실력이 있는데 태도까지 훌륭하기 때문이죠. 어떤가요? 이런 삶이 더 안정적인 거 아닐까요?

제 말을 이해한 사람은 바로 이런 질문을 던질지도 모릅니다.

"아, 무슨 말인지 알겠어요. 그런데 좋은 직원이란 게 도대체 어떤 거죠?"

예를 들어 회사에서 연봉 400만 엔을 받는다고 해보죠. 보통 사람이라면 '연봉 받는 만큼만 일하면 돼!' 또는 '매달 꼬박꼬박 월급을 받으니까 적어도 회사에 손해는 끼치지 말자'

고 생각하면서 일할 텐데, 회사에서는 인건비만 부담하는 게 아닙니다. 사무실 유지비, 전기 요금, 수도 요금, 비품 및 장비 구입비, 4대 보험료…… 등등 수많은 경비가 듭니다.

당신이 연봉 400만 엔을 받더라도 회사는 그보다 훨씬 더 많은 비용을 쓰고 있어요. 그러니까 연봉 받는 만큼만 일하는 직원은 회사에서 봤을 때는 엄청난 손해라 할 수 있죠.

그렇다면 회사에 손해를 끼치지 않으려면 직원이 얼마나 이익을 내야 할까요?

물론 회사마다 다르므로 일률적으로 말할 수는 없습니다. 하지만 최소한 자기 연봉보다 100만 엔 이상 수익을 올려야 해요. 그래야 회사는 가까스로 본전치기를 면할 수 있어요.

정말 좋은 직원이라고 인정받고 싶다면 천만 엔 이상, 또는 억 단위로 수익을 내세요. 그러면 회사에서는 당신을 절대로 놓치지 않으려고 할 겁니다. 그렇게 되면 당신이 사장 눈치를 보는 게 아니라 사장이 당신의 눈치를 보면서 계속 일해달라고 애원하게 됩니다.

만약 당신이 영업 사원이 아니라 일반 사무직이라면 직접 매출을 올릴 수는 없지만 다른 직원들이 매출을 올리도록 옆에서 도와줄 수는 있어요. 웃는 얼굴로 일하면서 직장 분위기를 밝게 만들고, 누군가가 일을 부탁하면 싫은 티를 내지 않고 기꺼이 해주세요.

그 덕분에 영업 사원이 기분 좋게 일하고 더 좋은 성과를 낸다면 당신도 회사 매출을 올리는 데 기여한 셈이니까요.

"○○님 덕분에 마음 편하게 영업하러 나갈 수 있었어요. 보이지 않는 곳에서 늘 세심하게 신경 써주셔서 정말 감사합니다!"

영업 사원에게 이런 말을 듣는다면 일을 아주 잘하고 있다는 뜻입니다. 이런 사람이 바로 회사가 원하는 귀한 인재이자 좋은 직원이에요. 그러니까 회사에서도 놓치지 않으려고 그만큼 대우를 해줍니다.

성공하고 싶다면 먼저 상대방이 이득을 얻을 수 있게 도와주세요. 왜냐고요? 상대방에게 가장 큰 이득을 안겨준 사람이 결국 가장 많은 보상을 받거든요.

'상대방이 이득을 보면 나는 손해 보는 거 아닌가?'

이렇게 생각하는 사람이 있는데 그건 착각입니다. 당장은 힘들고 너무 수고스러워 보이니까 그렇게 느낄 뿐이지 실제로는 손해가 아닙니다. 정말로 얻고 싶다면 내가 먼저 상대방에게 베푸는 게 원칙이에요.

상대방이 나에게 베풀면 당연히 나도 보답하고 싶어지잖
아요. 내가 그렇게 느끼는 것처럼 상대방도 마찬가지입니다.
자기에게 잘해주는 사람을 더 챙기고 잘해주게 되어 있어요.

혹시 다른 사람이 베풀어주기만을 기다리고 있지는 않나
요? 그런데 계속 그렇게 바라기만 하면 아무리 시간이 지나
도 나에게 돌아오는 게 없어요. 인생은 생각보다 짧습니다.
가만히 있으면서 바라지만 말고 먼저 베푸는 사람이 되세요.
그것이 성공하는 비결입니다.

★ JUST DO IT ★
지금 당장 뭘 할 수 있을까?

사람들이 나에게 베풀지 않는다고 불평하지 말고
내가 먼저 베풀어본다.

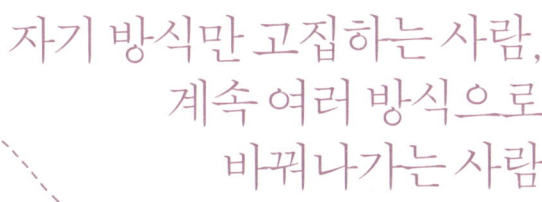

자기 방식만 고집하는 사람,
계속 여러 방식으로
바꿔나가는 사람

사람마다 흑역사가 있습니다. 경험도 별로 없고 지식도 부족했던 젊은 날, 실수와 실패를 경험하지 않은 사람이 있을까요? 세월이 흘러 과거를 돌아보면 왜 그때 그렇게밖에 대응하지 못했는지 후회스러울 때가 있습니다.

'아, 그때 왜 그렇게 바보 같았지?'
'지금 알고 있는 걸 그때 알았더라면 좋았을 텐데.'

지금 내가 이런 생각을 한다는 것은 그만큼 경험이 쌓이고 식견이 넓어지고 성숙해졌다는 증거입니다. 그러니까 후회하지 마세요. 당신은 그때 그 순간 자신이 할 수 있는 최선의 선택을 한 거니까요. 그리고 그때 그 시행착오를 거친 덕분에 지금의 실력을 갖추게 된 거니까요.

그러니까 과거를 돌아보며 스스로를 탓하는 일은 그만두는 게 좋습니다. 그건 그냥 자기부정일 뿐입니다. 지금 지난 일을 후회한들 나에게 좋을 건 하나도 없습니다.

그것이 일이든 인간관계든 아니면 사생활이든 후회하기보다는 '나 자신을 직시하고 개선하기'가 더 중요합니다. 누구나 실수를 하지만 그것을 반복하는 사람과 고쳐나가는 사람의 삶은 천양지차입니다.

만약 나의 실수나 단점을 발견했다면 먼저 그 점을 직시하세요. 있는 그대로 나의 단점을 인정하는 겁니다. 그리고 나서 같은 실수를 반복하지 않도록 계속 나의 행동을 바꿔나가는 겁니다. 물론 그렇게 한다고 해서 처음부터 바로 바꿀 수 있는 건 아닙니다. 처음부터 잘될 리가 있나요. 중요한 건 안 되더라도 될 때까지 계속 바꾸려고 시도하는 행위 그 자체입니다.

천 번을 고치면 성공에 이르니

지금이 최고요, 지금이 최악이라.

이건 제가 예전에 비즈니스 파트너들에게 읊어준 시 구절입니다.

사람은 누구나 실패하면서 성장합니다. 세상에 실패하지 않는 사람은 없잖아요. 실패했을 때 후회만 하고 고치지 않으면 제아무리 천재라도 성공할 수 없습니다.

시도해보고 잘 안 되면 고치면 그만입니다. 그러고 나서 또다시 해보는 거죠. 잘못된 점이나 부족한 점이 보이면 계속 개선해나가면 됩니다. 인생도 일도 끊임없이 새로운 것을 받아들이고 바꿔나가는 것이 정말 중요합니다.

한 가지 방식을 고집하는 게 아니라 백 번이고 천 번이고 새로운 방식으로 고칠 각오를 하세요. 성공은 그런 각오를 바탕으로 이루어지거든요.

꾸준히 고치고 바꿔나가는 사람은 시간이 지날수록 더욱 더 성장하고 발전합니다. 그렇게 하다 보면 실력이나 인간관계, 생활 환경이나 경제적 형편이 점점 좋아질 수밖에 없습니다. 더 나빠질 일이 없는 거죠.

어떤 일이든 한 가지를 개선하면 한 단계 올라가고, 두 가지를 개선하면 두 단계 올라간다고 생각해보세요. 그렇게 꾸준히 고쳐나가다 보면 어느 순간 꿈꾸던 자리에 올라 있는 나 자신을 발견하게 됩니다.

그러니까 실수하고 실패해도 괜찮아요. 무조건 도전하고 배우고 고쳐나가세요.

여러 번 실패했다는 건 당신이 그만큼 많이 도전했다는 증거입니다. 그것만으로도 정말 대단한 거 아닐까요?

시도하지 않는 사람은 애초에 잘못조차 하지 않거든요.

모든 깨달음은 실패에서 나옵니다. 실패했기 때문에 '그렇게 하면 안 되는구나'라고 깨달으니까요. 깨달음을 얻는 것만으로도 당신은 이미 충분히 성공한 셈입니다.

그러니 만약 오늘 실패했다면 그것은 성공에 한 걸음 가까워졌다는 증거입니다. 작은 성공이 모여 큰 성공을 만듭니다. 한두 번 실패했다고 풀 죽어 있으면 인생이 너무 아깝잖아요. 좌절한다고 문제가 해결되는 것도 아니고요. 축 처져 있지 말고 어떻게 하면 잘할 수 있을지 개선 방안을 찾아보세요. 그리고 오늘도 내일도 모레도 개선하고 또 개선하면서 잘될 때까지 고쳐나가세요.

★ JUST DO IT ★
지금 당장 뭘 할 수 있을까?

나의 방식이 틀릴 수도 있다는 걸 항상 염두에 두면서
늘 새로운 걸 시도해본다.

신이 주신 아이디어,
'영감'을 활용하라

"저도 진짜 성공하고 싶은데 어떻게 하면 선생님처럼 번뜩이는 아이디어가 떠오를까요?"

사람들에게 자주 받는 질문 중 하나입니다.

그런데 솔직히 말하면 우리 회사에서 나온 아이디어는 모두 제가 스스로 짜낸 거라고 할 수가 없습니다. 그게 무슨 말이냐고요?

원래 사람은 자신의 경험이나 지적 능력, 세계관 안에서만 사고하는 존재입니다. 아무리 머리를 굴려도 그 테두리 안에서 나오는 아이디어에는 한계가 있죠. 스스로는 정말 기가 막힌 아이디어라고 생각해도 남들이 보기에는 평범하기 짝이 없는 것들투성이입니다.

그렇다면 정말 '기적 같은 아이디어'는 어디서 나오는 걸까요? 그것을 다른 말로 하면 바로 '영감'이나 '직감'이라고도 하는데 이는 사람의 영역이라기보다는 신의 영역이라 할 수 있습니다. 지금까지 나왔던 저의 사업 아이디어는 모두 신이 저에게 영감을 내려주었기 때문입니다.

직원이 고작 다섯 명뿐인 개인 회사가 전국적으로 세금을 가장 많이 내는 기록을 세웠다는 건 다른 말로는 전혀 설명이 안 됩니다.

실제로 저는 상품 개발이나 경영 때문에 골머리를 앓은 적은 정말 한 번도 없습니다.

신기하게도 회사에 문제가 생기거나 위기가 닥치면 좋은 해결책이 머릿속에 딱 떠오릅니다.

이제 슬슬 새로운 상품을 만들어야겠다고 마음먹으면 또다시 하늘에서 번뜩이는 아이디어를 팩스로 보내줍니다. 저는 그 팩스를 받아 보고 적혀 있는 그대로 실천했을 뿐입니다.

딱히 전국에서 세금을 가장 많이 내는 사람이 되겠다고 결심한 적도, 그러기 위해서 노력한 적도 없어요. 저는 그냥 늘

제가 하고 싶은 대로 살았을 뿐입니다. 제가 좋아하는 일을 하면서 말이에요. 솔직히 말하면 예전에 고액 납세자 명단에 제 이름이 올랐을 때는 '아, 정말 인생이 이렇게 쉬워도 되나?' 싶어서 깜짝 놀랐습니다(웃음).

그렇다면 영감이나 직감 같은 신의 지혜는 어디에서 오는 걸까요? 지금부터 그 얘기를 해보겠습니다.

우주에는 '아카식 레코드(Akashic Records, 신의 지식 창고)'라는 거대한 기억 저장고가 있습니다. 우주가 탄생한 순간부터 지금까지 모든 정보가 그곳에 기록되어 있다고 보면 됩니다. 현재 우리가 살아가면서 배우고 경험하는 모든 일, 인류가 탄생한 이래 존재했던 모든 인간의 지식과 깨달음, 컴퓨터 안에 저장된 정보, 우주와 지구에서 일어난 모든 현상까지……. 그 모든 게 하나도 빠짐없이 아카식 레코드에 담겨 있어요. 아인슈타인이나 에디슨 같은 위인이 남긴 지식도 예외가 아니죠.

그리고 아카식 레코드는 지금 이 순간을 살아가는 모든 사람 한 명 한 명과 다 연결되어 있어서 필요할 때마다 그때그때 정보를 보내줍니다. 알기 쉽게 비유하자면 아카식 레코드는 인터넷 검색 엔진이고, 인간은 그 검색 엔진에 접속해서 필요한 정보를 얻는 이용자라 할 수 있습니다.

하지만 누구나 아무 조건 없이 아카식 레코드에 있는 정보를 얻을 수 있는 건 아닙니다.

어떤 특정한 조건을 갖춘 사람에게만 귀한 정보를 떨어뜨립니다. 그 조건이 뭐냐고요? 그것은 바로 설레는 마음으로 하루하루 즐겁게 살아가는 사람, 즉 자기긍정감이 높은 사람입니다.

신의 지식 창고라 불릴 정도로 아카식 레코드에 있는 정보는 모두 신이 관리하고 있어요. 그래서 신처럼 밝은 에너지를 내뿜고 사랑이 충만한 사람일수록 아카식 레코드에 더 잘 접속할 수 있습니다.

반대로 어두운 에너지를 내뿜고 사랑이 부족한 사람은 아카식 레코드와 주파수가 맞지 않습니다. 아무리 머리를 쥐어짜도 영감이나 번뜩이는 아이디어가 떠오르지 않아요. 저 같은 경우에는 공부도 싫어하고 특출난 재능 같은 것도 없습니다. 하지만 딱 하나 내세울 게 있다면 바로 자기긍정감이 엄청 높다는 겁니다.

자랑처럼 들릴 수도 있지만 저는 정말 신과 궁합이 잘 맞는 것 같습니다. 그러니까 정말 필요할 때 하늘에서 번쩍이는 아이디어를 내려주시는 게 아닐까요? 영감이나 직감 같은 신의 지혜가 없었다면 저는 절대로 성공할 수 없었을 겁니다. 제가 납세액 1위라는 기록을 세운 건 모두 하늘에서 보내주신 아이디어 덕분이에요.

★ JUST DO IT ★
지금 당장 뭘 할 수 있을까?

하루하루 설레는 마음으로 살자.
그래야 하늘에서 좋은 아이디어를 보내주시니까.

작은 일을 소홀히 하는 사람은 결코 큰일을 이룰 수 없다

일본에서 가장 높은 산은 무엇일까요? 여러분도 아시다시피 후지산입니다.

후지산은 일본을 상징하죠. 실제로 가보면 말로 표현할 수 없을 만큼 웅장하고 신비로운 기운이 느껴집니다. 평소에 눈에 보이는 것만 믿는 사람도 후지산 앞에서는 두 손을 가지런히 모으게 되죠.

기쁠 때는 후지산을 바라보는 것만으로도 더욱더 행복해지고, 힘들 때는 후지산이 위로해주고 용기를 북돋아주는 것 같은 느낌이 든달까요?

사람들의 마음속에는 항상 후지산이 자리하고 있습니다.

그냥 산이 아니라 마치 함께 살아가는 벗 같은 존재라고 생각한달까요?

그런데 여러분은 두 번째로 높은 산, 세 번째로 높은 산이 어떤 산인지 알고 있나요?

등산을 좋아하는 사람이라면 바로 대답하겠지만 등산에 관심 없는 사람은 아마도 쉽게 떠오르지 않을 거예요. 어느 산인지 이름을 들어봤거나 직접 찾아봤더라도 금세 잊어버렸을 테고요.

기왕 얘기가 나왔으니 여기서 확인해볼게요. 두 번째로 높은 산은 야마나시 현에 있는 키타다케이고, 세 번째로 높은 산은 나가노 현과 기후 현에 걸쳐 있는 오쿠호타카다케입니다.

"어머 그런 산이 있었어? 난 처음 들어봐."

이렇게 반응하는 분들도 많을 텐데 그만큼 2위와 3위는 존재감이 거의 없습니다(웃음).

슬프지만 이게 현실입니다. 1위와 2위 이하의 인지도 차이는 하늘과 땅만큼 큽니다.

후지산의 인지도는 2위 이하와는 비교가 안 될 정도로 압도적이죠. 백 배, 천 배 차이가 난다고 해도 과장이 아니에요. 후지산의 매력까지 더하면 그 차이는 엄청날 겁니다.

그렇다면 높이는 어떨까요? 후지산이 2위인 키타다케보다 백 배나 천 배 더 높을까요? 전혀 그렇지 않습니다. 고작 583m 차이가 날 뿐이죠. 583m라고 하면 꽤 큰 차이가 날 것 같지만 실제 높이는 1.2배에도 못 미칩니다. 높이에서는 별로 차이가 안 나는데 인지도에서는 어마어마하게 차이가 나는 거죠.

'1.2배 차이면 오차 수준이잖아? 별로 차이도 안 나네.'
이렇게 생각할 수도 있습니다. 그런데 작은 차이가 현실에서는 엄청난 격차를 만들어냅니다.

올림픽에서는 0.01초나 1점 차이로 메달 색깔이 바뀌고 희비가 엇갈리는 모습을 흔히 볼 수 있습니다. 실력이 막상막하라서 다음 날 다시 시합하면 결과가 뒤바뀔 수도 있죠.

말 그대로 종이 한 장 차이로 금메달과 은메달이 갈리지만 스포트라이트는 금메달리스트에게 집중됩니다. 은메달리스트도 실력이 뛰어나고 시합에서 잘 싸웠는데도 사람들은 언제나 금메달리스트만 기억합니다. 당연히 인지도도 훨씬 높고요.

비단 스포츠에만 해당되는 이야기가 아닙니다. 어떤 분야든 작은 차이가 엄청난 격차를 만들어냅니다. 0.01초, 0.1cm, 1점. 우리가 보기에는 사소한 기록이지만 스포츠 선수에게는 꿈같은 기록입니다. 스포츠 선수는 기록을 단축하거나 뛰어넘으려고 목숨 걸고 노력합니다. 그리고 작은 차이로 승패가 엇갈려 눈물을 흘리기도 하죠.

그런 모습을 보면서 저는 이 점을 깨달았습니다.

작은 일을 소홀히 하는 사람은 결코 큰일을 이룰 수 없다.

그런 태도로는 뭘 해도 자신이 원하는 목표에 도달할 수 없거든요.

그러므로 작은 일일수록 더 정성을 들여야 합니다. 그런 사람이 결국에는 압도적인 매력을 발산하고 압도적인 인기를 얻고 압도적인 매출을 올립니다.

사람들은 거창한 계획이나 대단한 재능이 있어야 성공할 수 있다고 믿는데 그건 착각입니다. 성공은 아주 작은 차이를 끝까지 파고드는 데서 시작됩니다. 다시 말해 성공은 최선을 다한 결과일 뿐이에요.

이 말을 꼭 기억하세요. 그리고 작은 일이라도 가볍게 넘기지 말고 즐기면서 차근차근 해나가세요. 작은 차이를 소중히 여기는 사람에게는 주변 사람을 크게 앞서가는 날이 반드시 찾아올 테니까요.

★ JUST DO IT ★
지금 당장 뭘 할 수 있을까?

아주 작은 일이라도 무시하지 말고
최선을 다해보자.

가장 중요한 건
'사람의 마음'이다

제 입으로 이런 얘기를 하는 게 참 쑥스럽지만 저는 우리 회사 직원들에게 꽤 사랑받는 사장입니다. 회사에 자주 가는 건 아닌데 (사실 거의 안 간다고 보면 돼요. 웃음) 만나면 다들 진심으로 반가워합니다.

제 비즈니스 파트너들도 마찬가지예요. 각자 자유롭게 자기 인생을 살면 될 텐데 어느새 제 곁에 딱 붙어 있더라고요. 제가 드라이브나 가자고 하면 우르르 몰려와서 언제나 차 안이 시끌벅적해지죠(웃음).

사실 저도 혼자 있는 걸 싫어하지 않습니다. 가끔은 혼자 조용히 지내고 싶을 때도 있는데 주변 사람들이 저를 가만두지 않더라고요(웃음).

그래서 귀찮으냐고요? 전혀요. 저는 늘 모두에게 진심으로 감사하고, '나는 참 행복한 사람이구나'라고 느낍니다.

제 자랑 같아서 말하기 부끄럽지만 저는 일반적인 사장의 이미지와는 조금 다릅니다. 보통 회사 사장이라고 하면 직원이나 주변 사람들이 긴장하게 마련이죠.

아무리 온화하고 사람 좋은 사장이라도 같이 있으면 직원들은 불편해합니다. 그래서 사장이 자리를 비우면 다들 깊은 숨을 몰아쉬면서 이제 좀 살겠다고 우스갯소리를 하죠. 아무래도 사장이 눈앞에 있으면 저도 모르게 몸에 힘이 들어가니까요.

그런데 제 경우를 말하자면 완전히 반대입니다. 저와 함께 있는 게 너무 편안해서 직원들이 먼저 다가오거든요. 비결이 뭐냐고요? 곰곰이 생각해봤는데 이유는 하나뿐인 것 같습니다. 저는 절대로 직원들의 자존감을 꺾거나 자기긍정감을 무너뜨리는 말이나 행동을 하지 않습니다. 오히려 직원들이 자기긍정감을 높일 수 있도록 도와주는 역할을 하고 있습니다.

그러다 보니 "사장님과 얘기하다 보면 어느새 제 자신이 더 좋아지는 거 있죠!"라는 말을 곧잘 듣습니다. 저는 누구에게나 하고 싶은 대로 하라고 일임하고 잔소리하지 않습니다. 그리고 누군가가 조금이라도 성장하거나 좋은 변화를 보이면 다 같이 모여서 축하하는 자리를 마련합니다.

물론 일을 하다 보면 어떤 직원에게 꼭 짚어줘야 할 점이 있죠. 말하는 사람도 듣는 사람도 불편하지만 꼭 전해야 하는 이야기 말이에요. 그럴 때 저는 "잠깐 제 방으로 좀 와주세요"라고 말해요. 그리고 아무도 없는 곳에서 조용히 이야기를 전달합니다.

이때 그 직원이 어떤 잘못을 했더라도 절대 혼내지 않습니다. 저는 지금까지 단 한 번도 직원들을 나무란 적이 없어요. 정말입니다. 직원 중 누군가가 어떤 실수를 하면 그를 통해 저도 뭔가 배우는 게 있거든요.

'아, 이 부분이 헷갈리기 쉽겠구나!'
'다음에 이런 일이 생기면 한 번 더 확인해봐야겠네!'

이런 식으로 말이죠. 그래서 누군가 실수를 해도 짜증이 나는 게 아니라 오히려 고마울 뿐입니다.

제가 이런 방식으로 조용히 말하면 실수한 직원도 "앞으로 이런 실수는 절대 안 할게요!" 하고 긍정적으로 받아들이고 고치더라고요.

만약 실수를 알려주는 사람이 화를 내거나 한숨을 푹푹 쉬면서 지적질하면 그 말이 아무리 옳은 것일지라도 속으로는 '아니, 왜 말을 저렇게 하지?' 하고 반발심이 생길 겁니다. 실수한 그 내용보다 지적당할 때 느낀 불쾌감에 정신이 팔려서 무엇을 고쳐야 하는지 본질을 놓쳐버리는 거죠. 그러다 보면 결국 같은 실수를 반복합니다.

그래서 저는 절대로 질책 같은 건 하지 않습니다.

누군가가 실수해서 회사에 손실이 생기더라도 길게 보면 이득이에요. 실수한 덕분에 우리는 배우고 성장할 기회를 얻었으니까요. 그 기회를 잘 활용하면 업무 효율이 올라가고, 더 큰 이익을 창출할 수도 있습니다. 그러니까 화낼 필요가 전혀 없어요.

직원은 사장의 소유물이 아닙니다. 모든 사람은 자신만의 고유한 존엄을 갖고 이 세상에 태어났습니다. 사장도 직원도 마찬가지입니다. 사장이 존중받을 자격이 있듯이 직원도 존중받을 권리가 있습니다. 사장이라고 해서 잘난 척할 이유도 없거니와 직원의 자기긍정감을 무너뜨리는 말과 행동을 하면 안 됩니다. 세상에는 사람과 사람 사이에서 지켜야 할 도리가 있습니다.

직원을 무시하고 깔보는 사장은 도리를 지키지 않았기 때문에 직원에게 미움을 받습니다. 그리고 직원에게 미움받는 사장은 누구에게도 도움받지 못하죠. 그런 회사의 직원들은 사장을 돕고 싶은 마음도, 회사를 잘되게 하고 싶은 마음도 없을 테니까요. 그런 회사에는 사막처럼 삭막한 공기가 느껴집니다. 또 직원들은 빠져나갈 궁리만 하거나 무기력해 보입니다. 그런 분위기가 거래처에 그대로 전달되면 회사에 대한 신뢰도가 떨어지고, 결국 고객들까지 등을 돌립니다. 그와 정반대로 사장이 늘 직원들의 자기긍정감을 채워준다면 분위기는 180도 달라집니다.

'회사가 잘 되면 나한테도 좋은 일이잖아. 그러니까 오늘 하루쯤은 야근해도 괜찮아!'
'사장님이 기뻐할 만한 좋은 아이디어를 내보자!'

이렇게 직원들이 알아서 사장을 도와주려 하고 회사가 잘 되게끔 열심히 일하는 분위기가 형성됩니다. 그리고 이렇게 긍정적으로 일하는 사람에게는 언제나 번쩍이는 아이디어가 끊임없이 떠오릅니다. 하늘에서 '영감'이라는 선물을 내려보내주니까요. 회사 분위기가 이렇다면 지속적으로 성장할 가능성이 높기 때문에 미래가 아주 밝습니다.

제가 회사를 경영할 때 가장 중요하게 생각하는 건 '사람의 마음'입니다.

우선 제 마음이 즐거워야 직원들도 즐겁고, 직원들이 즐거워야 저도 즐거운 마음으로 일할 수 있습니다. 이 핵심 가치가 빠진 회사는 아무리 훌륭한 경영 기법을 적용해도 꾸준히 성장할 수는 없습니다.

세상 모든 일은 '나의 마음'에서 시작되니까요.

이것은 개인의 인생뿐만 아니라 비즈니스에서도 절대 잊으면 안 되는 진리입니다.

★ JUST DO IT ★
지금 당장 뭘 할 수 있을까?

일이 잘되기를 바란다면
우선 '내 마음'부터 기쁘게 해보자.

성공한 사람은
전부 자기긍정감이 높은가요?

Q 세계적으로 성공한 사람은 전부 자기긍정감이 높아 보이던데 실제로는 어떤가요?

A 물론 자기긍정감이 낮아도 이를 악물고 노력해서 성공을 거머쥐는 사람도 있겠죠. 하지만 성공했다고 행복해지는 건 아니에요. 성공과 행복이 꼭 일치하는 것은 아니니까요.

그런데 실제로 성공한 사람들을 보면 대체로 자기긍정감이 높은 편입니다.

왜냐고요? 자기긍정감이 낮은 사람은 기본적으로 자신감이 없어서 '어차피 난 안 돼!' 하고 아예 도전조차 하지 않는 경우가 대부분이거든요. 자기긍정감이 높은 사람은 기본적으로 자신감이 강해서 설령 실패하더라도 그걸 실패라고 받아들이지 않습니다. 다시 말해 좌절할 일이 없죠. 그래서 쉽게 포기하지 않고 끈질기게 해나갑니다. 뭔가 잘 안 되면 방법을 바꿔서 다시 시도하고, 그래도 안 되면 또다시 방법을 개선해서 도전합니다.

'꾸준히 고치고 바꿔나가면 누구나 성공할 수 있다.'

자기긍정감이 높은 사람은 이 진실을 알고 있을뿐더러 의심하지 않고 즐겁게 반복하기 때문에 결국 성공하는 겁니다. 게다가 즐기면서 도전하니까 성공했을 때도 행복을 느낍니다. 성공과 행복 두 가지를 동시에 잡습니다.

철봉 거꾸로 오르기를 예로 들어볼게요. 시작도 하기 전에 "난 어차피 못해!"라고 단정하는 사람은 시도조차 안 하거나 고작 한두 번 해보고는 금방 포기하죠. 하지만 처음부터 "백 번쯤 하면 되겠지!"라고 말하는 사람은 의외로 서른 번 또는 쉰 번쯤 도전했을 때 성공하는 경우가 꽤 많습니다.

성공하는 사람과 실패하는 사람은 시도한 횟수부터 다릅니다. 성공을 결정짓는 건 재능이 아니라 도전하는 횟수입니다. 타고난 재능보다는 열정과 끈기를 가지고 얼마나 많이 시도하느냐가 중요합니다.

다만 아무 일에나 막무가내로 도전하는 건 추천하지 않아요. 자신이 좋아하는 일에 도전하세요. 좋아하는 일이라면 도전한다는 느낌조차 잘 들지 않습니다. 그건 그냥 내가 하고 싶은 일이니까 즐거울 뿐이죠. 애써 도전한다고 생각할 필요도 없거든요(웃음).

혹시라도 제 대답이 마음에 와닿지 않는다면 강요할 생각은 없습니다. 사람마다 생각이 다를 테니까요. 억지로 생각을 끼워 맞추지 말고, 자신과 더 잘 맞는 스승이나 멘토를 찾아보는 게 좋습니다. 성향과 방식이 잘 맞는 사람과 함께하면 더욱더 성장할 수 있고 시너지 효과도 크니까요.

자기긍정감 불변의 법칙 5

내 몸을
대접해줘야
몸도 나를
대접해준다

나만의 소화법을
개발해라

침대 모서리에 발가락을 부딪치면 너무 아파서 나도 모르게
울컥하고, 과자 봉지가 깔끔하게 안 뜯기고 확 찢어지면 갑
자기 짜증이 나죠. 이런 일은 일상생활에서 흔히 일어납니다.
하나하나 따져보면 너무나 사소한 일이죠.

그런데 평소에 어떤 사람이나 일 때문에 지속적으로 스트
레스를 받았는데 바로바로 해소하지 않았다면 어떨까요? 이
런 사소한 일에도 벌컥 화가 납니다. 아마도 화가 차곡차곡
쌓여서 내 안에서 끓고 있다가 임계점에 도달하면서 감정이
폭발하는 것이겠죠. 이럴 때는 대체로 가족이나 파트너, 회사
후배처럼 가장 가까운 사람에게 불똥이 튑니다. 주변 사람들

은 단지 옆에 있었다는 이유만으로 봉변을 당합니다.

'이렇게 그냥 참기만 하면 나도 불행하고 언젠가는 주변 사람들도 불행하게 만든다.'

누구나 가만히 생각해보면 이런 결과를 예측할 수 있습니다. 그럼에도 많은 사람들이 묵은 감정을 마음속에 쌓아놓았다가 한꺼번에 터트리곤 합니다.

제가 여기서 드리고 싶은 말씀은 사소한 일들이 쌓여서 인생이 된다는 겁니다. 좋은 일이든 나쁜 일이든 아주 사소한 일들도 그냥 넘기지 마세요. 나의 일상에는 소소한 행복이 가득 숨어 있으니 그 행복을 찾아서 항상 감사하세요. 그리고 나쁜 일이 생겼을 때 무조건 참고 넘기는 분들이 많은데 그것은 몸속에 독을 차곡차곡 쌓는 것과 같습니다. 조금이라도 불쾌한 일이 생겼다면 바로바로 소화시키고 넘어가는 게 좋습니다. 그래야 독소로 남지 않습니다. 제 지인 중 한 명은 가끔 예상치 못한 일 때문에 화가 끓어오를 때 이런 생각을 하며 넘긴다고 하더군요.

'우리 아이한테 닥칠 재앙을 내가 대신 받았나 보다. 차라

리 내가 겪어서 천만다행이야!'

 이런 식으로 화를 소화시키면 마음속에 끓어올랐던 화가 저절로 증발한다고 합니다. 말도 안 되는 소리라고 생각하는 분들도 있을 겁니다. 그런데 여기서 중요한 건 현실 가능성이 아니라 어떤 일이 생겼을 때 그것을 '내가 어떻게 받아들이느냐'입니다. 화가 나면 스트레스 호르몬이 분비되는데, 그 스트레스를 얼마나 잘 해소하느냐가 중요하거든요.
 화가 치밀어오를 때 '차라리 나한테 이런 일이 생겨서 천만다행이다'라고 생각하면 뇌는 '아, 다행인 거구나!'라고 이해합니다. 그 순간 불같이 올라오던 화가 어딘가로 증발해버립니다. 그렇게 되면 주변 사람들에게 감정의 찌꺼기를 내보일 일도 없죠. 그러면 하루 종일 기분 좋게 보낼 수 있습니다.

 이렇게 사소한 일 하나하나에 나만의 소화법을 갖고 있다면 큰일이 닥쳐도 똑같은 텐션으로 침착하게 대응할 수 있습니다. 감정 컨트롤의 달인이 되는 거죠. 물론 마음을 다스리는 건 말처럼 쉬운 일이 아닙니다. 그렇기 때문에 만약 나만의 소화법이 있으면 아주 귀한 능력의 소유자가 되는 셈입니다.

게다가 뇌는 내가 믿는 대로 반응합니다. '아, 짜증 나!'라고 말하는 대신 '오, 그래도 참 다행이네! 나는 운이 좋은 편이야'라고 말해보세요. 그러면 뇌도 그렇게 받아들입니다. 그때부터 뇌는 스스로 운이 좋아지게 만드는 정보를 모으기 시작합니다. 그러면 정말로 나에게 좋은 일이 가득해집니다.

'우리 아이가 아프지 않고, 내가 맡았던 일도 무탈하게 진행되고 있어. 나에게는 마음을 나눌 수 있는 좋은 친구들이 있고 내가 좋아하는 일이 있어.'

이렇게 사소한 일상에 감사할 줄 아는 사람은 언제나 밝고 긍정적인 에너지를 내뿜기 때문에 좋은 운을 또다시 끌어들입니다.
또 인간관계가 너무 힘들거나 일에 대한 스트레스가 극에 달할 때, 어떤 사람들은 삶을 게임에 비유해서 소화시키기도 합니다.

'지금 보스전에 들어왔다. 여기서 버티면 레벨업이다.'

이렇게 마음먹는 거죠. 짜증 나는 상사, 까다로운 고객 같은 문제 상황을 나를 괴롭히는 불운이 아니라 성장 구간에 등장한 보스 몬스터라고 생각한다는 겁니다. 그러면 신기하게도 감정이 '피해자 모드'에서 '챌린지 모드'로 전환됩니다.

게임을 하시는 분이라면 아시겠지만 보스가 등장하면 짜증이 나기보다 오히려 집중력이 올라갑니다. 여기서 보스를 쓰러뜨리면 경험치가 쏟아지고, 능력이 올라가고, 다음 스테이지로 레벨업된다는 걸 알기 때문이죠.

사실 현실에서도 마찬가지예요. 까다로운 상사를 상대하며 감정을 조절하고, 무례한 사람 앞에서도 품위를 지키고, 반복되는 문제를 해결하며 문제 해결 능력을 키울 수 있으니까요. 지금 내가 겪는 모든 과정이 나의 레벨을 올리는 경험치입니다.

이렇게 생각하면 인간관계나 일의 스트레스가 단순한 고통이 아니라 성장의 조건으로 바뀝니다. '내 주변에는 왜 이렇게 이상한 사람이 많지?'라는 피해의식 대신 '아, 지금 하늘이 내 능력을 업그레이드시켜 주려고 시련을 줬구나'라는 도전적인 시각을 갖게 됩니다. 일단 그렇게 사고하는 순간, 분노는 전략으로 바뀌고, 좌절은 전술로 바뀝니다.

물론 현실은 게임처럼 리셋 버튼이 없고, 마음대로 종료할 수도 없습니다. 그래서 더더욱 나의 해석이 중요합니다. 현실 그 자체를 바꾸기는 힘들지만 그 현실을 해석하는 프레임은 내가 만들 수 있으니까요.

스트레스 상황에 대한 나만의 소화법이 있는 사람과 없는 사람의 미래는 분명 다릅니다. 오늘 당장은 아무런 차이가 없는 것처럼 보일지 모르지만 둘 사이에는 분명한 차이가 생겨났고 그 차이는 지금 이 시간에도 점점 커지고 있습니다. 아무리 사소한 스트레스라도 하찮게 여기지 마세요. 그 작은 일을 어떻게 소화시키느냐가 당신의 미래를 결정할 수 있다는 걸 잊지 마세요.

★ JUST DO IT ★
지금 당장 뭘 할 수 있을까?

스트레스를 받았을 때
나만의 해소법을 개발해본다.

'인싸', '아싸'와
자기긍정감의 관계

혹시 '인싸', '아싸'라는 말을 들어보셨나요? 몇 년 전부터 젊
은 세대 사이에서 유행하는 신조어입니다.

인싸는 인사이더(Insider)의 줄임말로 집단 안에서 사람들
과 잘 어울리며 분위기를 주도하는 사람을 뜻합니다. 아싸는
아웃사이더(Outsider)의 줄임말로 학교나 직장 등 집단 안에
서 사람들과 거리를 두고 혼자만의 시간을 즐기는 사람을 뜻
합니다. 인싸는 성격이 밝고 활발해서 눈에 잘 띄고 아싸는
성격이 조용하고 내성적이라서 눈에 잘 띄지 않습니다.

예전부터 '겉으로 보이는 이미지와 그 사람의 진짜 성격은

어떤 관계가 있나요?'라는 질문을 자주 받았습니다. 그래서 이번에는 겉으로 드러나는 성격과 자기긍정감의 관계에 대해 이야기해볼게요.

보통 아싸는 조용해 보이니까 자기긍정감이 낮을 거라고, 인싸는 활발해 보이니까 대체로 자기긍정감이 높을 거라고 생각하기 쉽습니다. 하지만 실제로는 꼭 그렇지만은 않아요. 아싸 중에도 자기긍정감이 아주 높은 사람이 얼마든지 있습니다. 그리고 인싸라고 해서 반드시 자기긍정감이 높은 것도 아닙니다. 말수도 적고 음침해 보여서 아싸인 것 같지만 알고 보면 자기 자신을 소중히 여기고 자신에게 만족할 줄 아는 사람도 꽤 많습니다. 예를 들어 학교나 직장에서는 말없이 묵묵하게 일만 하니까 재미없는 사람처럼 보였는데 취미 활동을 할 때는 완전히 다른 사람이 돼서 표정도 밝아지고 말수도 많아지는 경우죠.

한편 겉으로 보기에는 인싸인데 자기긍정감이 낮은 사람도 있습니다. 밖에서는 씩씩하게 웃고 떠들지만 혼자 있을 때는 침울해지는 거죠. 단지 사람들에게 미움받고 싶지 않아서 외톨이가 되는 게 무서워서 애써 밝은 척했던 겁니다. 이 경우에는 스스로에게 만족하지 못하는 사람입니다. 내가 나를 사랑하지도 인정하지도 못하니까 타인의 인정과 사랑에 목말라하는 거죠.

미움받는 게 두려워서 지나치게 남들 눈치를 보면서 애써인싸인 척하는 겁니다. 그런데 실제로는 자기 자신을 부정하다 보니 몸도 마음도 지치고 사는 게 피곤합니다.

저는 사실 아싸라는 말이 너무나 불편합니다. 겉모습만 보고 누군가를 '저 사람은 어둡고 조용하니까 아싸일 거야!'라고 쉽게 단정하는 건 바람직하지 않습니다.

설령 겉모습이 밝지 않고 내면이 그늘져 보이더라도 태어날 때부터 어두운 사람은 없습니다. 만약 어떤 사람이 어두운 모습으로 살아가고 있다면 다 그럴 만한 이유가 있습니다. 어쩌면 지금 시기는 어둡게 지내면서 뭔가를 배우고 성장하고 있는 걸지도 모릅니다. 타고난 천성이 어두운 사람은 없으니까요.

어떤 사람을 '어둡고 조용하니까 아싸야!'라고 단정하는 건 상대방을 은근히 무시하고 깔보는 거나 마찬가지입니다. 그렇게 단정적인 태도로 살면 좋은 일이 생기지 않아요. 오히려 '그건 옳은 태도가 아니야!'라고 알려주듯이 뭔가 불편한 일이 생기거나 좋지 않은 경험을 할 수도 있습니다.

그러므로 사람의 겉모습만 보고 섣불리 판단하거나 낙인 찍는 말을 하지 마세요.

그 누구를 대할 때도 신중한 게 좋습니다. 먼저 그 사람을 존중하고 이해하려는 태도를 갖는 게 중요합니다.

또 평소에 아싸 취급을 받는 분이라면 너무 어두운 표정을 짓고 있는 건 아닌지 돌아보세요. 뚱한 얼굴을 하고 있으면 누가 봐도 무섭거나 불쾌해지니까요.

물론 겉모습이 전부는 아니지만 현실적으로 사람의 인상은 표정이나 외모에 영향받는 게 사실입니다.

누구나 밝게 웃는 사람을 좋아하죠. 반대로 어두운 표정을 짓고 다니면 사람들이 멀리하니까 나에게도 별로 좋을 게 없습니다.

아무리 외면하고 싶어도 인간은 사회적 동물입니다. 서로 어울리고 도우면서 살아갈 수밖에 없도록 구조화되어 있어요. 그렇지 않으면 더 많이 배우고 성장하고, 어려운 일을 극복하기 쉽지 않습니다. 주변에 사람이 없으면 배우고 성장할 기회 자체가 없으니까요.

정말로 자기긍정감이 높다면 굳이 심각한 표정을 지을 이유가 없겠죠.

웃는 게 어색하다면 살짝 미소만 지어도 괜찮습니다. 평소에는 무표정이더라도 사람들과 대화할 때만큼은 입꼬리를 살짝 올려서 부드러운 표정을 지어보세요. 그 정도는 어렵지 않잖아요.

오늘부터 매일 조금씩이라도 웃는 연습을 해보세요. 그러면 지금보다 훨씬 더 따뜻하고 즐거운 인생이 펼쳐질 겁니다.

★ JUST DO IT ★
지금 당장 뭘 할 수 있을까?

'행복해서 웃는 게 아니라 웃으니까 행복해진다'고
생각하며 미소 지어보자.

상처 입은 건 영혼이 아니라
생각일 뿐이다

석가모니나 예수의 가르침이 담긴 말을 보면 어려운 부분이 많습니다.

물론 좋은 말이고 중요한 말이란 건 알겠는데 표현이 너무 난해해서 이해가 잘 안 되는 게 많습니다.

'도대체 무슨 말이 하고 싶은 거지?' 하고 고개를 갸웃거리는 분들도 많을 거예요.

그런데 사실 석가모니도 예수도 아주 단순한 진리를 설파했을 뿐입니다.

예를 들면 '영혼은 상처받지 않는다'는 말도 그중 하나입니다.

인간은 절대적 존재인 신에게 영혼을 나누어 받았습니다. 그래서 영혼은 상처받지 않는 강한 힘을 가지고 있다는 겁니다. 마치 신과 같다고 할까요? 신은 전지전능하기 때문에 어떤 악의나 재난도 신 앞에서는 맥을 못 춥니다. 사람이 신을 다치게 하는 건 불가능하죠.

그런데 이 논리대로라면 영혼은 상처받지 않아야 마땅한데 실제로는 어떤가요? 우리 모두는 상처받았다고 느낄 때가 있습니다. 도대체 어떻게 된 걸까요?

영화관에서 쓰는 영사기를 비유해서 이야기해보겠습니다. 영사기는 필름에 찍힌 장면을 빛으로 비추어 스크린에 영상을 투영하는 장치입니다. 우리가 상처받았다고 느끼는 건 필름에 흠집이 난 거나 마찬가지예요. 여기서 말하는 필름은 마음속에 품은 생각입니다. 그러니까 상처받은 건 영혼이 아니라 생각인 거죠.

인생이란 마음속에 품은 생각이 스크린에 그대로 상영되는 영화와 같습니다. 필름에 즐거운 장면이 가득하다면 스크린에 나오는 영상도 밝고 재밌겠죠. 반대로 필름에 흠집이 나면 스크린에 나오는 영상에도 결국 그 상처가 드러날 수밖에 없습니다. 다시 말해 우리가 어떤 생각을 품고 사는지가 그대로 우리 인생에 나타난다는 뜻이에요.

보통 사람들은 눈앞에 닥친 버거운 현실 때문에 자신이 상처받았다고 생각합니다. 하지만 사실은 정반대예요.

현실에서 벌어지는 일들은 모두 나의 생각이라는 필름을 통해 드러난 결과일 뿐입니다. 생각이 먼저라는 말이죠. 그러니까 현실에서 힘들고 괴로운 일을 없애고 싶다면 내 생각부터 바꾸는 게 좋습니다. 석가모니나 예수가 하고 싶었던 말도 한 문장으로 요약하면 바로 이겁니다.

생각이 현실을 만든다.

저는 중졸이 최종 학력인데 만약 제가 학력 콤플렉스에 시달렸다면 어땠을까요?

'이 학력으로 사회생활을 하면 나는 무조건 손해 볼 거고, 남들한테 맨날 무시당할 거야!'

이렇게만 생각했다면 딱 그런 장면이 담긴 필름이 만들어졌겠죠. 필름에 담긴 장면은 그대로 스크린에 투사되니까 실제 인생에서도 정말로 손해를 보고, 사람들한테 무시당하는 일들만 벌어졌을 확률이 높습니다.

또 그런 일을 반복해서 겪으면 '역시 나는 안 돼! 봐, 또 무시당했잖아!'라면서 자기혐오에 빠졌을지도 모릅니다. 결과적으로 제 인생은 불행이라는 악순환을 거듭했겠죠. 그런데 저는 지금까지 학력 콤플렉스를 느낀 적도, 손해를 본 적도, 남들한테 무시당한 적도 별로 없습니다.

어떻게 그럴 수 있냐고요? 사람들은 의아해하지만 이유는 아주 간단합니다. 저 스스로 제 필름에 상처를 내지 않았기 때문이죠. 저는 중졸이라는 학력을 부끄러워한 적이 없습니다. 오히려 '카리스마 넘치는 중졸 출신'이라며 당당히 밝히고 강점으로 내세웠죠. 나만의 차별화된 전략이랄까요(웃음).

내게 주어진 환경은 내 탓이 아니지만 나의 생각은 오로지 나의 것입니다. 내가 내린 주관적인 결정일 뿐입니다.

'그때 그 경험을 하지 않았더라면 지금 이렇게 성숙한 생각을 하지 못했을 거야.'
'내가 상처받았다고 느낀 건 착각이었어!'

이렇게 이해하는 것만으로도 내 생각의 필름에 생긴 흠집은 사라집니다. 그러면 내 인생이라는 스크린에는 괴로운 이야기보다는 좋은 이야기가 더 많아질 겁니다. 인생의 절반 이상은 내 생각대로 이루어진다는 것을 꼭 기억하세요.

★ JUST DO IT ★
지금 당장 뭘 할 수 있을까?

오늘부터 부모 탓, 환경 탓은 그만두고
인생을 결정하는 건 '나의 생각'이라고 결심한다.

화가 나는 건
사실 두려움 때문이다

누구나 살다 보면 일이 잘 풀리지 않아 화가 날 때가 있습니다. 이럴 때는 별거 아닌 일에도 화가 나죠. 평소에는 아무렇지도 않았던 것에도 예민하게 굴거나, 그냥 지나칠 수 있는 말에도 신경이 곤두섭니다.

그런데 이렇게 평소와 달리 감각이 예민해지는 것은 내 마음 깊은 곳에 두려움이 숨어 있기 때문입니다. 두려움이 바깥으로 향하면 다른 사람을 공격하게 되고, 안으로 향하면 스스로를 자책하게 됩니다.

주변 사람들에게 괜히 짜증이 나고 모든 게 다 마음에 안 들고, 또 그렇게 부정적인 자기 모습이 싫어서 다시 화가 나는 것은 알고 보면 다 두려움 때문입니다.

많은 사람들이 하루에도 수만 가지 감정이 뒤섞여 소용돌이치는 것처럼 느낍니다. 특히 일이 잘 안 풀릴 때 그렇죠. 목표가 어긋나고 내 예상대로 흘러가지 않으면 생각이 많아지니까요. 그러면 감정은 더욱 복잡해지고 고민이 쉽게 풀리지 않으니 마음을 다스리기가 더 어려운 것처럼 느낍니다.

그런데 이 감정을 끝까지 파고들어가 보면 그 속에는 사랑과 두려움이라는 감정밖에 없어요. 우리가 느끼는 모든 감정은 결국 두 가지 중 하나에 속합니다.

예를 들어 소중한 사람을 잃고 힘들어하는 경우를 생각해 봅시다. 이때의 감정은 일반적으로 슬픔 때문이라고 생각하죠. 그런데 사실 이것도 두려움 때문입니다. 소중한 그 사람이 나의 일상에 큰 영향을 미칠 만큼 좋은 사람이었다면 두려움의 크기는 더 크죠. 지금까지 나를 응원하고 사랑해주던 사람이 없어졌으니까요.

'앞으로 나 혼자서 잘 살아갈 수 있을까?'
'나는 이제 누구한테 의지하지?'

이런 불안감이 마음속에 들어 있는 겁니다. 내가 의지하던 사람을 두 번 다시 만날 수 없다고 생각하면 당연히 상실감에 눈물이 나죠. 감정이 풍부한 사람이라면 누구나 겪는 아주 자연스러운 현상입니다.

그런데 자기긍정감이 높은 사람은 아무리 소중한 사람을 잃었더라도 시간이 조금 지나면 다시 기운을 되찾을 수 있습니다. 언제나 자신을 사랑해주는 존재가 늘 곁에 있기 때문이죠. 그 사람은 누굴까요? 그것은 바로 나 자신입니다. 자아가 견실하면 힘든 일이 생겨도 스스로 치유하는 힘이 생겨납니다.

하지만 자기긍정감이 낮은 사람은 그러지 못하죠. 이들은 세상을 '나를 평가하는 곳'으로 바라봅니다. 누가 나를 좋아하는지, 무시하는지, 뒤처졌는지, 앞서가는지를 끊임없이 비교합니다. 그러다 보니 타인의 시선이 곧 자신의 가치가 됩니다. 세상을 판단하는 기준이 내가 아닌 타인에게 있다 보니 마음을 의지하던 사람을 잃고 나면 그 상처를 쉽게 감당하지 못합니다.

그렇다면 어떻게 해야 이 두려움이라는 감정을 해소할 수 있을까요? 해답은 자기 자신에 대한 사랑입니다. 나 자신에 대한 믿음과 사랑을 견실하게 만드는 수밖에 없습니다.

'나에게는 든든한 내가 있다.'
'죽을 때까지 내 곁에 있어줄 사람은 나 자신뿐이다.'
'나는 생각보다 강한 사람이다. 바람이 불어도 풀처럼 다시 일어날 것이다.'
'열심히 살아줘서 고마워. 나는 정말 네가 대견해.'

많은 사람들이 누군가 타인의 존재 덕분에 내가 살아 있다고 느끼지만 사실 언제나 함께하고 있는 사람은 자기 자신뿐입니다. 수많은 좌절과 실패, 성공과 영광이라는 경험을 온전히 공유하는 것은 오로지 나 자신뿐입니다. 그런 나 자신에게 사랑의 메시지를 날마다 보내주세요. 그렇게 하는 것만으로도 자기긍정감은 자리를 잡아가고 두려움도 줄어듭니다.

또 한 가지 몸을 바쁘게 움직이는 것도 좋은 방법입니다.
옛날 사람들은 현대인들만큼 끙끙대며 고민하지 않았습니다. 지금처럼 편리한 세상이 아니었으니까요. 집안일을 할 때도 이동을 할 때도 항상 부지런히 몸을 쓰지 않으면 안 되는 열악한 조건에서 살았습니다. 빨래를 하려면 강에까지 나가야 했고, 밥을 지으려면 우물물을 길어오고 나무를 해오고 직접 불까지 지펴야 했습니다. 옷도 일일이 손바느질로 꿰매서 만들어야 했고, 멀리 이동하려면 며칠씩이나 걸어가야 했죠. 일단 하루에 해야 할 노동의 양이 엄청나다 보니 고민에 빠져 있을 겨를이 없었던 겁니다.

그런 원시적인 삶을 권유한다는 말이 아닙니다. 그만큼 몸을 바삐 움직이면 두려움이 기승을 부릴 틈이 없어진다는 말을 하는 거예요.

슬픈 일이 생겼을 때, 너무나 싫은 일이 생겼을 때 그 일 자체에 집착하기보다는 몸을 최대한 많이 움직여서 그 일에 집중해보세요. 그렇게 바쁘게 지내다 보면 두려운 감정이 생겨날 여유조차 없습니다. 그것이 꼭 일이 아니어도 괜찮습니다. 운동, 여행, 동호회 활동 등등 열심히 몰두할 만한 일은 많으니까요. 뭐가 됐든 내가 좋아하는 일에 몰두하며 시간을 보내보세요.

원래 사람은 자신이 즐거우면 두려움에 휩싸이지 않으니까요.

그 누구보다 더 나 자신한테 잘하자.

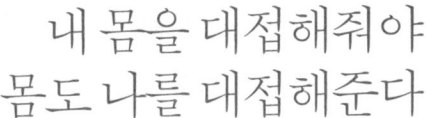

내 몸을 대접해줘야
몸도 나를 대접해준다

사람은 누구나 소중한 존재이고 존중받아 마땅합니다. 그런데 세상에는 타인뿐만 아니라 자신을 함부로 대하는 사람들이 의외로 많더군요. 내가 나를 잘 대접해야 남도 나를 그렇게 대하고, 또 나도 남을 똑같이 대접할 수 있습니다. 스스로를 사랑하지 못하면 타인도 사랑할 수 없다는 말은 진부해 보일지 모르지만 진실입니다.

그러니까 가장 중요한 출발점은 나 자신입니다. 마치 신을 섬기듯 나 자신을 섬겨보세요.

'내 몸은 신처럼 귀한 영혼이 머무는 집이다.'

앞으로는 내 몸을 대할 때 이렇게 생각해보세요. 지금까지 보잘것없어 보이던 내 몸이 조금은 신성하게 느껴지지 않나요?

저는 예전부터 스스로에게도 주변 사람들에게도 계속 이렇게 말했습니다.

'옷을 단정하게 입고 외모를 잘 가꾸고 늘 청결을 유지하라'고요. 이것은 단순히 외모를 치장하라는 말이 아닙니다. 궁극적으로는 나 자신을 잘 아끼고 사랑하고 즐겁게 돌보라는 뜻입니다. 나를 대하는 태도가 곧 삶의 태도이자 인생관이기도 하니까요.

잘 관리된 공간에 가면 기분이 어떤가요? 깨끗하게 정돈되어 있는 곳에 가면 들어서는 순간부터 기분이 좋아지고 정신이 맑아지죠. 반대로 지저분하게 어질러져 있는 곳에 있으면 괜히 피곤해지고 마음도 가라앉습니다.

공간뿐 아니라 사람의 몸도 똑같습니다. 몸이 너무 피곤한데 계속 쉬지 않고 무리하거나 영양은 무시한 채 아무거나 되는 대로 먹는 건 나 자신을 함부로 대하는 것과 똑같습니다.

컨디션이 안 좋은 날에도 쉬지 않고 일하면서 '왜 이렇게 사는 게 힘들지?', '왜 나한테는 안 좋은 일만 생기지?'라고 말하고 있다면 그건 너무나 당연한 결과입니다. 내가 나를 잘 돌보지 않는데 사는 게 힘들지 않을 수가 있을까요?

집을 깨끗이 정리정돈하는 것처럼, 집 여기저기가 고장 났을 때 수리를 하는 것처럼, 내 몸도 똑같이 대해주세요. 아프면 무리하지 말고 쉬는 게 정답이고 너무나 졸릴 때는 그냥 자는 게 정답입니다. 뭔가가 먹고 싶을 때는 참지 말고 먹어줘야 합니다. 참고 견디면서 뭔가를 할 필요는 없어요.

자신을 아껴주고 존중해주는 사람에게 마음을 여는 건 인지상정이죠. 내 몸도 마찬가지입니다. 내가 내 몸을 깨끗이 하고 아름답게 가꾸면서 대접을 잘해줘야 몸도 나를 대접해줍니다.

그렇게 내 몸과 사이가 좋아지면 일도 잘 풀리고 뜻하지 않게 행운도 찾아오는 거죠. 몸과 대화를 잘 나누는 사람의 인생은 잘 풀릴 수밖에 없어요. 자기 자신을 존중하는 태도가 결국 행운과 기회를 가져다주니까요.

또 한 가지 덧붙이자면 내가 살고 있는 집 역시 내 몸이 머무는 소중한 공간입니다. 그러므로 편안하고 쾌적해야 합니다.

지금 당신이 사는 집은 편안한가요? 집에서만큼은 마음 편히 쉴 수 있나요?

뿌옇게 먼지가 쌓이고 물건으로 가득 차서 발 디딜 틈도 없는 곳이라면 아무리 비싼 집이라도 마음 편히 쉴 수가 없겠죠. 제가 하고 싶은 말은 값비싼 브랜드 아파트로 이사를 가라는 말이 아닙니다. 큰 집이나 비싼 집에 살아도 집 안이 너저분하면 아무 소용이 없습니다.

작고 오래된 집이라도 깨끗이 청소하고 정리만 잘하면 얼마든지 쾌적할 수 있습니다.

혹시 집 안에 물건을 너무 많이 쌓아두고 있지는 않은지 살펴보세요. 오래된 물건이 너무 많으면 숨이 막히고 답답하게 느껴집니다. 그것은 물건들이 에너지의 파동을 떨어뜨리기 때문이에요.

물론 물자를 아끼는 건 바람직한 자세입니다. 하지만 쓰지도 않는 물건을 '언젠가는 쓸지도 몰라', '버리긴 아깝잖아'라면서 쌓아두는 건 물건을 소중히 다루는 자세가 결코 아닙니다.

쓰지 않는 물건은 그저 잡동사니에 불과합니다. 공간을 차지할 뿐만 아니라 기분까지 가라앉게 만드니까요. 결국 내 에너지를 갉아먹을 뿐입니다. 그러므로 최근 1~2년간 쓰지 않은 물건이라면 빨리 처분하는 게 좋습니다.

집 안에 불필요한 물건이 사라지면 공간이 생기고, 마음에도 여유가 생깁니다. 무엇보다 깔끔해지면 기분까지 상쾌해집니다. 이렇게 집안이 깨끗해지면 물건이 늘어나는 게 싫어지므로 쓸데없는 걸 사지도 않게 됩니다.

인생은 태도와 환경에 따라 달라집니다. 여러분은 지금 삶이 즐겁고 하는 일마다 잘 풀리나요? 아니면 삶이 버겁고 하는 일마다 꼬이나요? 전자라면 나를 대하는 태도와 내가 사는 환경이 좋다는 뜻이고, 후자라면 그렇지 않다는 뜻입니다. 어떤 인생을 살지는 자기 하기에 달려 있다는 걸 꼭 기억하세요.

★ JUST DO IT ★
지금 당장 뭘 할 수 있을까?

집안을 둘러보고
쓰지 않는 물건이 있다면 골라서 버려보자.

최소한의 멋은 나 자신에 대한 기본적인 예의다

요즘은 자신의 취향과 개성을 살려서 멋 부리는 걸 즐기는 사람이 많습니다. 그런데 남의 인생에 지적질하기 좋아하는 사람들은 이런 말들을 하죠.

"쯧쯧, 괜히 겉멋만 들어가지고는……."

그런데 이런 말을 하는 사람치고 괜찮은 사람을 보셨나요? 우선 본인의 겉모습부터가 별로죠(웃음). 이들의 심리를 살펴보면 초라한 자기 모습이 싫으니까 괜히 남의 취향에까지 시비를 거는 겁니다.

사람은 적당히 멋도 부릴 줄 알아야 합니다. 여기서 말하는 멋은 남에게 잘 보이기 위한 치장이 아닙니다. 유행을 따라가거나 비싼 물건으로 자신을 꾸미라는 말도 아닙니다. 최소한의 멋이란 사실 나 자신을 함부로 대하지 않겠다는 태도에 가깝습니다.

겉모습을 근사하게 꾸미면 사실 마음가짐도 달라지거든요. 나도 모르게 '겉모습에 어울리는 사람이 되자'고 마음먹게 됩니다.

자기 몸에 딱 맞는 정장을 입으면 저절로 자세가 곧아지고 기분이 좋아지지 않나요?. 그 옷에 어울리는 사람이 되고 싶어서 행동이나 말투까지 바뀝니다.

그러므로 최소한의 멋이란, 나 자신에게 보내는 기본적인 예의와 같습니다. 외출할 때 옷을 단정히 입고, 머리를 감고, 얼굴을 씻고, 몸을 정갈하게 유지하는 일. 별것 아닌 것처럼 보이지만 이 작은 행동들이 쌓여서 '나는 소중한 존재다'라는 메시지를 스스로에게 끊임없이 건네는 거거든요. 반대로 자신을 방치하는 습관은 어떨까요? '나는 이 정도 대접이면 충분해'라고 주입하는 것과 같습니다.

흥미로운 사실은, 자신을 잘 대접하는 사람일수록 타인에게도 자연스럽게 예의를 갖춘다는 점입니다. 반대로 늘 자신을 몰아붙이고 무시하는 사람은 타인에게도 날카롭게 대하죠. 타인의 행복이나 행운에도 너그럽게 대하지 못합니다. 자기 자신이 행복하지 못한데 남의 행복이 달가워 보일 리가 있나요? 결국 내가 나를 대하는 태도는 인간관계, 일, 삶의 방향에까지 은근히 스며듭니다.

며칠에 한 번, 아니 일주일에 한 번, 그게 안 된다면 한 달에 한 번이라도 내가 정말 좋아하는 옷을 입고 액세서리를 해보세요. 그것만으로도 기분이 좋아지고 나 자신이 사랑스럽게 느껴집니다. 또 그런 느낌은 곧 자기긍정감으로 이어집니다.

물론 최소한의 멋이 인생을 단번에 바꿔주는 마법은 아닙니다. 하지만 분명한 건, 그 멋을 잃어버린 사람의 삶은 점점 푸석해진다는 사실입니다.

자신을 귀하게 여기는 태도는 행운을 부르는 가장 기본적인 준비 자세라고 생각해보세요.

내 몸과 사이가 좋아지면 마음이 안정되고 마음이 안정되면 선택이 달라집니다. 선택이 달라지면 결국 인생도 달라지기 시작하니까요.

지금까지 남을 비판하는 데 에너지를 썼다면 그 에너지를 아껴서 나 자신을 멋지게 가꾸는 데 써보세요. 남에게 피해를 주는 자기만족은 삼가야 하지만, 즐겁고 건강한 자기만족이라면 얼마든지 추구해도 괜찮습니다.

내가 나를 만족시키다 보면 저절로 자기긍정감이 높아지고 주변 사람에게도 좋은 영향을 주니까요. 그러니 올바른 자기만족은 나한테만 좋은 게 아니라 결국 모두에게 도움이 되는 셈입니다.

★ JUST DO IT ★
지금 당장 뭘 할 수 있을까?

남을 비판하는 데 쓰던 에너지를 아껴서
나 자신을 꾸미는 데 쓰자.

산다는 건 스스로를
끊임없이 단련하는 일이다

앞에서도 잠깐 이야기했지만 파나소닉 창업자 마쓰시타 고노스케는 돈도 없고 학력도 짧고 건강도 안 좋은 상태에서 시작한 사람입니다. 불운의 아이콘이라 해도 과언이 아닐 정도였죠.

그는 집안이 워낙 가난해서 아홉 살에 초등학교를 그만두고 생활 전선에 뛰어들어야 할 정도였습니다. 구두닦이, 신문팔이 등을 전전하다가 자전거 상회에서 견습공으로 일했죠. 태어날 때부터 허약했기 때문에 성인이 되고 나서도 늘 건강에 신경 써야 했습니다.

그런데 그는 가난과 무학, 허약 체질이라는 약점을 오히려 자신의 강점으로 만들어 성공했습니다. 보통 사람 같으면 '나는 참 지지리도 운이 없다'며 한탄했을 만도 한데요. 그는 늘 '나는 엄청나게 운이 좋다'고 믿었다고 합니다.

그런 그의 성품을 잘 보여주는 일화가 하나 있습니다.

마쓰시타 고노스케는 한때 배를 타고 출퇴근을 했는데 어느 여름날 뱃전에 걸터앉았다가 날벼락 같은 사고를 당합니다. 옆에 있던 선원이 발을 헛디뎌 바다에 빠지는 바람에 그도 휩쓸려 들어갔던 거죠. 그는 필사적으로 헤엄쳐서 겨우겨우 구조됐지만 자칫하면 목숨을 잃을 뻔했습니다. 그런데 그때 마쓰시타는 이렇게 말했다고 합니다.

"나는 정말 운이 좋은 사람이야."

보통 사람 같았으면 사고에 휘말려 죽을 뻔했으니 이게 웬 날벼락이냐며 화를 낼 법도 한데 그는 화를 내기는커녕 이 사건을 긍정적으로 해석하고 자신감을 키우는 계기로 삼았습니다.

'겨울이었으면 꼼짝없이 저승길로 갔을 텐데 여름이라 살았네. 게다가 이런 일을 겪고도 멀쩡하다니 난 정말 운이 좋아.

그러니 뭐든 할 수 있어!'

누가 봐도 불운한 사고였지만 그는 그렇게 생각하지 않았습니다. 오히려 극적으로 살아난 자신이 정말 운이 좋다고 받아들였죠. 결국 그는 '경영의 신'이라고 불릴 만큼 큰 성공을 거뒀는데 그 모든 시작은 바로 이러한 긍정적인 마인드에서 비롯되었습니다. 그는 항상 마음속으로 이렇게 되뇌었죠.

'난 왜 이렇게 운이 없지?'라면서 불행한 이유는 찾는 일은 그만두자.
무슨 일이 생겨도 '이건 운이 좋은 증거'라고 해석해보자.

이렇게 긍정적인 말과 생각을 끊임없이 되풀이했기 때문에 그는 기적을 만들 수 있었습니다. 사실 세상에서 일어나는 모든 일은 중립적입니다. 완전히 좋기만 한 일이나 완전히 나쁘기만 한 일은 있을 수가 없죠. 중요한 건 그 일을 어떻게 해석하느냐입니다. 어떤 일이 일어나든 그것을 좋은 일로 만드는지 나쁜 일로 만드는지는 나 자신에게 달려 있습니다. 밝은 면을 먼저 보느냐 어두운 면을 먼저 보느냐, 딱 그 차이뿐이죠.

모든 일에는 반드시 밝은 면과 어두운 면이 공존합니다. 겉으로는 좋은 일처럼 보이지만 불편함이나 위험이 숨어 있기도 하고 분명 나쁜 일 같았지만 돌이켜보면 배울 점이 많아서 오히려 도움이 된 경우도 있습니다.

결국 내가 어떤 점을 먼저 보느냐가 중요합니다. 어두운 면을 먼저 보면 당연히 불안해지죠. 하지만 밝은 면을 먼저 보면 어떨까요?

'이번 경험이 나에게는 피가 되고 살이 될 거야.'
'이런 일을 겪었으니까 앞으로는 더 잘될 거야.'

이렇게 긍정적으로 생각할 수 있습니다. 그러면 불안이 끼어들 틈이 별로 없습니다.

여러분, 산다는 건 스스로를 끊임없이 단련하는 일입니다. 인생의 목적은 완벽해지는 게 아니라 경험을 통해서 배우고 끊임없이 성장하는 겁니다. 그러므로 나 자신을 소중히 여기면서 자기긍정감을 북돋워주세요. 그러면 어제보다 훨씬 더 괜찮은 나를 만나게 될 겁니다.

★ JUST DO IT ★
지금 당장 뭘 할 수 있을까?

무슨 일이 생겨도
'이건 내가 운이 좋은 증거야'라고 해석해보자.

자기긍정감이 바닥으로 떨어졌을 때, 어떻게 하면 다시 나를 사랑할 수 있을까요?

Q 저 자신을 아끼고 사랑하고 싶은 마음은 굴뚝같습니다. 그런데 제가 이번에 큰 실수를 해서 다른 사람들에게 피해를 주게 되었어요. 그래서 제 자신이 너무 싫어집니다. 이번 사건으로 자신감도 떨어지고 자존감도 바닥으로 떨어진 것 같아요. 어떻게 하면 저 자신을 다시 사랑할 수 있을까요?

A 실수를 하고 나서 자신이 싫어졌다면, 그건 당신이 도덕적으로 살아 있는 사람이라는 증거죠. 실수를 하고 나서도 아무렇지도 않다면 그게 더 이상한 사람 아닐까요?

지금 당신이 느끼는 죄책감, 후회, 부끄러움은 아주 정상적인 감정입니다. 그러니까 우선 스스로를 '형편없는 인간'이라고 낙인찍지 마세요. 당신은 그냥 '실수한 인간'일 뿐입니다. 자기긍정감이 높은 사람은 실수를 안 하는 사람이 아니라, 실수한 자신까지도 포기하지 않는 사람입니다.

많은 사람들이 '잘할 때는 사랑하지만 못할 때는 버린다'는 자세로 자신을 대합니다. 그런데 그건 조건부 사랑 아닐까요? 조건부 사랑은 결국 자신을 괴롭히는 가장 잔인한 폭력입니다.

'잘못하면 너를 용서하지 않을 거야.'

스스로에게 이렇게 말하는 순간, 당신은 자기 자신을 가장 냉혹한

독재자로 대하고 있는 겁니다. 실수는 이미 벌어졌습니다. 어차피 되돌릴 수 없는 거죠. 그렇다면 선택지는 두 가지뿐입니다. 그 실수를 평생 곱씹으며 스스로를 벌주며 살 것인가, 아니면 그 사건을 교훈 삼아 더 나은 인간으로 다시 태어날 것인가. 자기긍정감이 높은 사람은 항상 후자를 선택합니다.

"그래, 나도 인간이니까 이런 실수를 하는구나."

이렇게 담담하게 인정하고, 거기서 배울 것만 챙기고 나의 일상에 복귀하세요. 당신이 지금 자신을 미워하는 이유는 사실 간단합니다.
당신이 생각하는 '이상적인 나'와 '현실의 나' 사이에 괴리가 있기 때문이에요.
당신은 '내가 이런 사람일 리 없어'라면서 충격을 받은 겁니다. 그런데 당신의 머릿속에 이상적인 나의 모습보다는 지금 실수를 한 나의 모습이 훨씬 더 진짜 내 모습입니다. 이 세상에 완벽한 인간이란 존재하지 않으니까요. 자기긍정감을 되찾는 방법은 사실 아주 단순합니다. 지금의 나에게 이렇게 말해주는 거예요.

"그래도 나는 나를 포기하지 않는다."

잘했을 때도 나이고, 망했을 때도 나입니다. 실수한 나도, 창피한 나도, 한심해 보이는 나도 전부 다 나일 뿐입니다. 그 모든 나의 모습을 통째로 끌어안는 태도가 바로 자기긍정감입니다.

그리고 마지막으로 하나만 더 말씀드릴게요.

이번 사건 때문에 당신이 괴로워하고 있다는 사실 자체가, 당신이 꽤 괜찮은 사람이라는 증거입니다. 정말 문제 있는 사람은 남에게 피해를 주고도 아무런 죄책감을 느끼지 않으니까요.

그러니까 자신을 미워하지 말고, 대신 나 자신을 업데이트하세요.

"나는 실수했지만, 여기서 멈추지 않는 사람이다."

이 문장을 마음속에 새기면 됩니다. 자기긍정감은 과거의 완벽한 나에게서 나오는 게 아니라, 실수한 나를 끝까지 포기하지 않는 태도에서 나옵니다.

그러니 오늘부터 다시, 그 한심해 보이는 나를 사랑해주세요.

그것이 진짜 어른의 자기애입니다.

이왕 태어난 거
조금이라도
멋지게
살고 싶습니다.

여러분도
저와 함께
한번 멋지게
살아봅시다.

사이토 히토리

사이토 히토리 斎藤一人

화장품과 건강식품 등을 판매하는 회사 긴자마루칸(銀座まるかん)의 창업자, 사이토 히토리는 1993년부터 2005년까지 12년간 일본 전국 고액 납세자 순위 10위 안에 들었으며 2003년에는 누적 납세액 기준 1위에 올랐다. 부동산 매각이나 주식 상장으로 순위에 오르는 일반적인 자산가들과 달리 오로지 사업 소득만으로 납세 순위에 올랐다는 점에서 독보적인 존재로 인정받고 있다.

견고한 학벌사회인 일본에서 중졸이라는 자신의 학력을 '전국에서 단 한 명뿐인 카리스마 넘치는 중졸'이라는 콘셉트로 내세워 오히려 강점으로 부각하면서 대중들의 마음을 사로잡았다.

『1퍼센트 부자의 법칙』, 『부자의 운』, 『괜찮아, 분명 다 잘될 거야!』, 『운 좋은 놈이 성공한다』, 『그릇』, 『어떻게 살 것인가』 등의 자기계발서를 통해 두터운 독자층을 확보하고 있다.

2025년에 출간된 『사이토 히토리 자기긍정감 불변의 법칙』은 인생을 좌우하는 결정적 포인트는 '자기긍정감'이라고 말한다. 저자는 사람들이 타인에게 의지하고 관심받기 위해 애쓰는 이유는 내가 나를 행복하게 해줄 수 없기 때문이라고 지적한다. 스스로 행복해지는 방법을 터득하면 굳이 남에게 과하게 의존할 필요도 없으며 힘든 사람을 도와줄 때도 쓸데없이 애쓰지 않게 된다는 것이다. 이 책은 출간되자마자 복지사회보장 분야 1위에 랭킹되었으며 현재도 높은 판매지수를 기록하고 있다.

민혜진

한때는 인세로 밥 먹고 사는 글쟁이의 삶을 꿈꿨지만, '박제가 되어버린 천재를 아시오?'로 시작하는 이상적인 소설을 읽고 일찌감치 포기했다. 그 후 글 다루는 일로 눈을 돌려 편집자로 밥벌이하며 지내다가 현재는 해외의 좋은 책을 기획하고 번역하는 일을 업으로 삼고 있다. 옮긴 책으로는 『사이토 히토리 자기긍정감 불변의 법칙』, 『아무도 상처받지 않는 대화법』, 『아이가 상처받지 않는 대화법』, 『내 감정이 우선입니다』, 『한마디 먼저 건넸을 뿐인데』, 『나를 죽이는 건 언제나 나였다』 등이 있다.

사이토 히토리

자기긍정감
불변의 법칙

1판 1쇄 인쇄 | 2026년 3월 11일
1판 1쇄 발행 | 2026년 3월 16일

만든 사람들
지은이 | 사이토 히토리
옮긴이 | 민혜진
기획·편집 | 박지호   마케팅 | 김재욱
디자인 | design PIN

ISBN 979-11-997744-0-7 03190

펴낸이 | 김재욱, 박지호
펴낸곳 | 포텐업
출판등록 | 제2022-000323호
주소 | 서울시 마포구 월드컵로7안길 20 302호(04022)
전화 | 070-4222-1212 팩스 | 02-6442-7903

원고 투고 및 독자 문의 | for10up@naver.com
인스타그램 | @for10up
블로그 | https://blog.naver.com/potenup_books